学诚法师
人生三书
01

感悟人生

学诚法师 著

贤书 贤帆 绘

国际文化出版公司
·北京·

缘起

　　生命，是一道深奥的命题。著名的古希腊哲学家苏格拉底说过一句话："人生就是一次无法重复的选择。"然而，体悟生命真相的佛陀告诉我们："如果我们按照佛法来行持，在六道轮回中就可以改善自己的生命，就可以拥有不一样的人生，并最终走出轮回，得到解脱！"这样的人生、这样的生命之路，虽不能重复，但可以选择！

　　2006年9月到12月期间，学诚大和尚在北京龙泉寺作了题为《感悟人生》的系列开示。《感悟人生》系列开示共10讲，大和尚从生命的本源讲起，结合日常生活、工作和修行的点点滴滴，告诉我们人生的真谛，教我们把握未来的方向，过真正有意义的人生。《感悟人生》系列开示拉开了龙泉寺系统生命教育的序幕，初步搭建了龙泉寺居士修学体系平台。

目录

10月27日晚，学诚大和尚从日本返京，次日上午9时为弟子们作了开示——《如何分享同行善友的功德与经验》。大和尚教诫：佛法要靠法师、同行善友来传递和体现，也就是靠善知识、法师和同行善友——这些人的所作所为来诠释。

上一讲我们谈到建立终极信仰的意义。很好地来认识这个主题，才能够对无限生命有极其重大的帮助。从另外一个角度说，无限生命的概念，我们不容易真正建立起来，自然而然对终极信仰也就会若有若无，就不会那么明确。

11月4日，学诚大和尚在大风狂舞中为大家作了题为《从内心深处寻找苦乐源头》的开示：佛法是以人为中心，它的着眼点在众生，是从众生的心理上面去作功夫，去寻找生命的意义和价值。

11月25日，北京降下了入冬的第一场雪，学诚大和尚下午为大家作了开示——《如何扫除自心的尘垢》。大和尚教诫：我们清除尘垢、清除垃圾，这些尘垢和垃圾是外在的，更重要的是我们要清除内心贪瞋痴烦恼的尘垢。

我們在凡夫位時，一就是一，二就是二，三就是三。在聖所得位時，可能一就不是一了，二可能就是一切，一切也可能就是一。

9 月 10 日，"中元普度法会"最后一天，学诚大和尚在龙泉寺西跨院为弟子们传授皈依，并作了《感悟人生》这一重要开示。此次开示拉开了龙泉寺系统生命教育的序幕。

　　诸位来到寺庙里，目的是学佛法，修改自己的习气、毛病，根据佛法修行，最后圆满福德智慧资粮，成就佛果。修行是一个很漫长的过程，需要很长很长的时间。要想修行，首先要皈依、要受戒。

从前有個山，山裏
有個廟，廟裏
有個大和尚……

第一讲

感悟人生

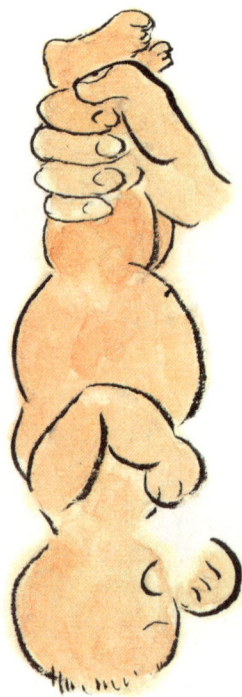

如何而生　为何而活

一　人生何去何从

为什么皈依、受戒与修行有着紧密的联系呢？大家可以想一想，每个人都是如何而生，为何而活？

"如何而生"就是我们能够来到这样一个人世间的原因。我们来到人世间以后，是为了什么而活在这个世间的？就是来到这个世间的原因是什么，活在这个世间的目的是什么，这是作为佛教徒，大家要关心、探讨、解决的问题。

未皈依以前，大家在家里、在世俗社会生活。世俗社会有种种的标准、种种的价值观、种种的生活方式。我们在世俗社会的生活中，有时候会感觉到痛苦，有时候会感觉到快乐，更多的情况下是痛苦当中有快乐，快乐当中又夹杂着痛苦，苦乐交参，苦多乐少。痛苦永远比快乐多，痛苦的时间永远比快乐的时间长；快乐永远比痛苦短暂，快乐永远比痛苦少。我们在佛门里就是要解决这样的问题：如何让我们的快乐能够持久，让我们的痛苦能够越来越淡化，越来越短暂，最后把这些痛苦全部消除掉。

皈依的意思就是皈投、依靠。皈投、依靠什么呢？皈投三宝，依靠三宝。比如社会上发生的一些自然灾害：台风把房子刮倒了，地震把房子震倒了，火灾把房子烧没了……你没有房子住了，没有东西吃了，没有钱花了……那怎么办呢？要去投亲，要去靠友，要去皈投，要去寻找依靠，要去寻找皈依，寻找别人对我们的帮助和庇护。

七叔、我您找得好苦啊，我的官司打输了，房子、车子、孩子都判给对方了，我的工作也丢了，信用卡刷爆了、请您一定收留我啊

　　这是在现实生活当中，大家在生活层面、物质层面遇到问题和苦难的时候，需要别人给我们帮忙。我们内心里面的问题——烦恼、业、痛苦，在世间找来找去，找不到解决的办法，找不到为我们解决这些问题的人，寺院里面的佛法僧三宝就是要为我们解决这样的一些问题。两千多年来，多少人皈投在释迦牟尼佛的门下！多少人获得生命的解脱，获得人生意义的最大实现！

二 善恶在心

我们来到人间，有人的身体、人的形状，有自己的血肉之躯，五官具足，也有父母给我们的名字。人的这个身体本身没有对错，错在我们这个身体会去做错事、做坏事。做错事、做坏事就会给第二个人、第三个人，给我们直接、间接有关联的人带来麻烦、带来纠纷、带来问题、带来苦难；反过来说，如果通过我们的嘴、我们的脚、我们的手，去说好话、走好路、做好事，就会有很多人得到我们的帮助和利益。那么，为什么我们会有这样两种不同的行为？就是说，一种行为是恶的、错的，一种行为是善的、对的；一种行为是害人的，一种行为是利人的。其原因在我们的心，是我们内心的问题。

　　世间上一个正人君子，一个对国家、对平民百姓作出很大贡献的人，我们常常就会讲这个人很有德行，这个人很有品行，品德非常好、非常高。用佛教的语言来讲，你对别人做了很多的好事，就是善行；你对别人做了很多的坏事，就是恶行。善的行为就构成了善的业，恶的行为就构成了恶的业。善的行为就会给自己和别人引发快乐的结果，恶的行为就会给自己和别人引发痛苦的结果。

即將帶走我們的末班車
是校車、婚車、囚車、殯葬車
救護車、鹿車、羊車、馬車
還是大白牛車⋯⋯

誰又把公用卷紙給順走了

在世间，我们常常会接触到、接收到一些似是而非的观念，认为我们去利益别人、帮助别人会吃亏；利益别人、帮助别人是错的，是不应该的。佛法恰恰相反，佛法告诉我们去利益别人、帮助别人是好的，是应该的，是善良的，是能够带来快乐的。世间方面常常告诉我们，不去帮助别人、不去利益别人才能给自己带来快乐；佛法告诉我们去帮助别人、去利益别人才能给自己带来快乐。这两个定义刚好是相反的。

行奉善眾　　　　作莫惡諸

　　佛法讲"因果"，这一点非常重要。我们到底应该怎么选择呢？我们是选择去利人、去帮人，还是不去利人、不去帮人？我们在家也好，在单位也好，在社会上也好，常常害怕自己会吃亏，常常喜欢去占别人的、占单位的小便宜，这些观念都是要不得的，都是不好的一些观念。我们为什么会有这些观念呢？为什么我们会这样去考虑、去思维，去作这样一个决定呢？我们自己也不知道自己为什么要这么去作决定，自己也不知道为什么要这样去做，这样去生活。你不知道就是你的原因，用佛教的语言来讲就是"无明"，无明状态。

三　云何降伏其心

1．靠三宝解决内心的问题

　　大家到寺庙里，就是要去解决自己长期以来内心深处解决不了的问题，找寻内心深处痛苦的原因。我们要找到这个原因，要解决我们内心深处的烦恼及内心深处自己想不清楚的问题。为什么我们自己内心深处的这些问题、烦恼，自己不知道呢？

大家在世间学的都是世间法。世间法是根据世间的道理存在的。佛法既包括了世间法，也包括了出世间法。世间法用佛教的名词来讲叫"俗谛"，出世间法用佛教的名词来讲叫"真谛"。我们如何在俗谛的基础上能够证到真谛，能够见到真谛？这是我们要努力的方向和目标。

我们大家拥有一个"人"的身体，这本身已经很难得了。

身体本身没有错，错的是我们的行为，因为我们的行为受到我们烦恼的驱动。如何来解决我们的烦恼，如何来解决我们自己身语意会造恶业的问题，就要依靠三宝，这是很重要的。

现在大家都能够学习到佛法，以及我们出家法师能够出家，都是跟释迦牟尼佛有关系的。出家的目的是为了学佛法。佛法是释迦牟尼佛通过多生多劫的修行，开悟以后讲出来的。

诸位到庙里来，跟出家人一样，要来学习佛法。学习佛法要皈依、要受戒。我们出家的法师要皈依、受戒，在家的居士们也要皈依、受戒。皈依是一样的，都要皈依三宝，但是戒律不一样，出家人的戒律更多、更严格，在家居士的戒律就比较简单、比较宽松。如果没有皈依，没有受戒，我们就学不到佛法，我们就学不好佛法。这是一个很重要的标准和界限。

我们皈依——皈投三宝以后，就要根据三宝的要求、根据佛法来指导我们自己的生活，指导我们自己的工作。我们的起心动念要同佛法相结合，根据佛法来思考问题，根据佛法来认识问题，根据佛法来说话，根据佛法来走路，根据佛法来做事。也就是，我们说话的时候就要想一想，按佛法的要求怎么样说才对；我们做事的时候也要认识到，做这件事情会不会违背佛法；我们走路的时候也要考虑到在路上有没有踩到蚂蚁，有没有踩到昆虫，有没有踩到一些小动物；我们去的地方是不是适合我们去，去的地方是不是对自己的身心有利……这些我们都要去考虑。

2. 受戒功德不可思议

如果我们受了八关斋戒，受了五戒，甚至受了居士的菩萨戒，这种功德、意义、福报非常大。这是什么原因呢？因为我们受戒以后，这个善法是在一切众生的份上得到的，是在三宝的份上得到的。同样做一件好事，世间善法跟佛法里边的善法是不一样的。世间善法，一件事情的意义只有一件事情本身的意义，而佛法的善法，它的意义就大大不同了，它的代表性非常广泛。

举一个例子来讲，比如你会画画，画了一幅画以后去送给一个普通人。他本身可能不知道你这幅画有什么价值，收了以后，弄不好就扔到垃圾桶里面了。如果你这样的一幅画送给国家元首，那么情况就不一样了，同样一个行为，它的意义就不一样了，它的代表性就不一样了。国家元首代表整个国家的人，比如有的大

国国家元首，他代表了上亿人，你送给他，就有那么大的功德了。

在三宝地更是如此，你做一件事情，一个行为，都是从我们自己内心最深处发出来的，是自己要去做的，自己为了要累积福德、智慧资粮而来做的。这跟世间做事情是不一样的。

世间上做事情，比如说你有一个职业，你从事这个职业的目的是为了你的生活，让你和你的家人生活过得好一点。你职业干得好一点，职位高一点，或许能做出一番事业。你做了一番事业，仅仅是要来激发你自己聪明才智的潜能，把内在的潜能发挥出来而已。你这种潜能发挥出来，到底对社会、对他人、对自己是有利还是有害的，那就很难讲了，就说不清楚了。佛法则不一样，佛法一方面要引导我们把自己生命的潜能淋漓尽致地发挥出来，同时对自己、对大家又能够有利，能够让自己、让大家，在当下、在现在、在未来、在更长远的未来，都能够幸福快乐，这样做事情的出发点和目的是大大不一样的。

马老闆操劳大半辈子，造了假货无数

张屠夫，起早贪黑，全村一半以上的牲口由他来杀

李老闆兢兢业业，打拼一生，终于成为生肉供应高中的佼佼者

四　环境对人的影响

我们来到庙里当义工，做了一些很脏、很累、很苦的活，但是大家干得很高兴，越干越有劲，越干越快乐。换一个环境可能就不会了，有好多人，自己在家里都不愿意做家务，都是请保姆、请别人来帮忙。为什么在自己家里或者说在单位里，这种能力就发挥不出来，在庙里就能够发挥得出来？为什么同样一个人在两种环境里会判若两人？由此可见环境对人影响的重要性。寺庙是佛法僧三宝的清净宝地，因为它是清净的宝地，所以能够净化我们内心的烦恼。就犹如我们在一个缺氧的地方，氧气非常稀薄，比如在喜马拉雅山上，呼吸就会困难，甚至会奄奄一息，需要吸氧。当你来到海拔低的地方，自己的生命即刻就会复苏，精神状态就会恢复过来，这表明环境对人的重要性。

大家来到寺庙里学佛法，绝对能够感受到佛法对自己的帮助，增加自己对佛法的体验。佛法到底是什么，我们慢慢就会感受得到，慢慢就会理解得到，慢慢就会一点一点去信仰它，一点一点去皈投它、依靠它，这些是非常重要的。

五 不忘初心常省思

1. 勿忘初心

有些人来到寺庙学佛法，好像修行没有什么进步，好像修行会恍恍惚惚，甚至修得越久越不想去修，修得越久好像佛法离自己越远，这是什么原因呢？最重要的原因就是把自己最初的发心忘记了。我们学佛到一定时候，来到庙里法会参加多了，往往就会把自己最初的发心忘记掉。最初的发心很重要，是你皈依、学佛最主要的原因。你把皈依、学佛法最主要的、最根本的原因忘记掉了，当然你的行为就显示不出它的意义。你的行为没有意义，那么你的结果自然而然就不好了。

佛法是非常注重发心的。你是发清净心，还是发染污心；是发善心，还是起恶念；你是散乱心，还是内心里面都是戒定慧的功夫，这种行为所显示出来的意义是大大不一样的。

犹如一个学生去了学校，如果不好好念书，不认真用心念书，哪怕每天去学校，最后考试成绩也会很差。我们去了学校，自己要认真用功，用心读书，找最好的老师接受教育，并且按照老师的要求，认认真真去完成作业，最后才会有好的成绩。如果来到学校，根本不按照老师的要求去用功学习，老师为我们指出来的问题也不能很好地改进，那么你一而再、再而三地去学校，仅仅是徒有其名。我们学得比较久的同学，常常会犯这个毛病。

有时候我们也会说：我们在三宝地就是为了要积聚资粮，为了要好好学佛法，为了要好好修行。这个时候的认识，仅仅是理论上的认可、理论上的认知而已，而实际上此时此刻你的心，跟你最初第一天、第一次来到寺庙那一刻的心，已经是大大不同了。

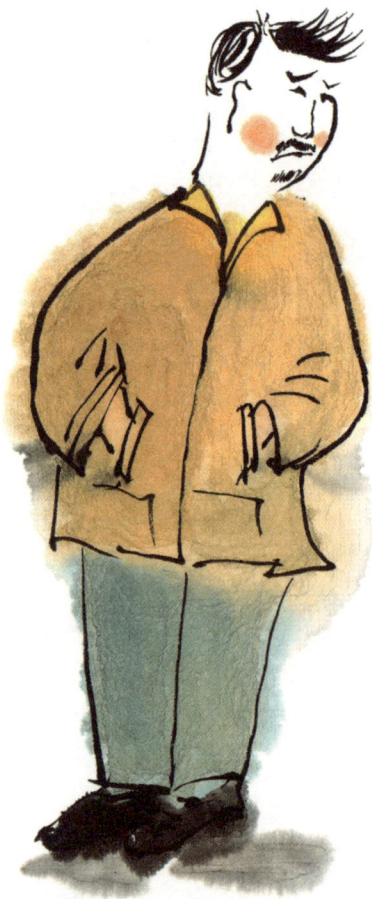

2. 嫉妒和骄慢

佛法告诉我们，皈依、修行要殷重，要非常至诚、非常恳切，我们非常认真去修行，才能够有感应。我们不能至诚、恭敬、殷重地去用功、祈求、修行，就说明我们已经在散乱，我们在起慢心，我们在掉举，我们在嫉妒，我们在比较、在分别、在烦恼。这些问题没有得到解决，就会障碍我们来到庙里听经闻法，使我们不能如理思维，不能如理抉择，不能把法真正地听到心里去，也就是把自己障碍住了。

我们容易犯很多毛病，嫉妒和骄慢是比较容易犯的两个毛病。慢心的特点就是你在高处看人，嫉妒的特点就是你自己站在低处去看人。从低处看人，你就觉得好像每个人都比自己好，各方面都比自己好。那么，别人每一方面都比你好这本身不是问题，当你看到别人用功修行，具有能力、财富、品貌等，事业、家庭比自己好，你就会内心难过、内心起烦恼、内心产生痛苦，这个就叫做嫉妒，这就是问题。

什么叫做骄慢呢？我们多做了一点事情时，就觉得我做了很多，别人都不如我；我们做得好一点，就认为别人做得那么差劲；我们自己比别人聪明一点，就觉得别人都很笨；我们能力比别人强一点，就会看不起别人，会认为别人那么差劲；我们自己文化高一点，就觉得别人文化程度那么低；我们体力好一点，就觉得别人那么无能……诸如此类，内心总是不能平静，内心总是不能平衡，内心总是不能以平常心来认识自己，以平常心来对人、对事，以平常心来学佛法。

古来祖师大德讲"平常心是道"。"平常心是道"就是能够如实认识到自己的心，自己内心是什么状态，内心是什么问题，看得清清楚楚，而不是有高有低。所有外在的问题，都是我们自己内心的问题。内心的问题中，有些问题是你当下的问题，认识不清楚就是你智慧缺乏，烦恼障、所知障重；有些内心的问题，是你过去世等流下来、过去累积下来的，把你内心障碍住了，把你内心那份善良的、清净的、庄严的心给塞满了。那怎么办呢？你要把这些障碍、问题清除掉，就要去忏悔。

平常心

六 愿力和智慧

我们要改变，让自己不如理、不如法的行为变成如理、如法的行为，我们要改恶行为善行，改害人为利人，这样的做法，这样的生活态度，要靠什么呢？要靠智慧，要靠愿力。

世俗社会上的人，有了一份职业以后，他要完成事业，至于善恶、是非，到底对个人、对集体、对他人有利有害，那是第二位的问题。佛法不一样，他首先要利人，利人就包括利自己，包括利一切的人，动机摆在第一位，并且动机是贯穿一个人所有行为的始终。社会上靠职业、靠事业，我们佛法靠什么呢？靠智慧、靠愿力。智慧决定你成功还是失败。智慧具足了，智慧多了，你就会成功，你成功的概率就高，你成功的可能性就大；智慧比较低、比较差，成功的可能性就低，结果就小。

愿力决定什么呢？愿力决定着你的始终，也就是决定着你的开始跟结束。比如我们发大心、发菩提心，我们现在能够很好地发菩提心，是因为过去多生多世以来就发了菩提心，所以现在发就比较容易，只是一直在提醒自己，一直在勉励自己，一直在让菩提心持续、不要忘记，然后慢慢慢慢最终就成佛了。如果过去没有发过这样的大心，那我们现在开始发，发大心，发菩提心，这个菩提心贯穿你的开始跟结束，这是很重要的。这就是人的愿力，包括开始跟结束都靠愿力——愿的力量，发大愿的力量。

如果你没有力量，修行没有力量，做事没有力量，生活没有乐趣，原因就是自己没有发愿，没有愿的力量。一个人只有发了愿，他才有力量去克服种种的困难，去解决种种的问题，去面对自己内心种种的烦恼和阴暗面。如果没有发愿，内心就没有力量。

如果没有智慧，我们光发愿还是不够。我们发愿就是要做一件事情，无论如何要把它做成，无论如何要把它做好，发愿以后还要靠智慧完成。智慧告诉我们怎么去做，怎样才能够把它做好。智慧从哪里来？从修学佛法而来。如何来修学佛法？就要根据戒律，需要皈依，所以它是一层一层下来的。

七 超越自我

大家在庙里做了很多事，积了很多资粮。刚刚来的，说明你很有善根，与佛法很有因缘，如果缺乏善根因缘就找不到这个地方。反过来说，你能够找到这里，就说明同佛法有因缘，同三宝有因缘，你的善根已经被发现了，今后就很有希望。

我们久修久学的同学、同修和出家的法师，就需要去发大心、发大愿，就要不断在佛法的修学上去用功、去努力。我们初学的人、刚来的人怎么办呢？要超越自我。超越自我是什么意思呢？就是超越世间的我。世间的我目标都比较近，很多的行为都有问题。

刚才我谈到了，一个人有了嫉妒、骄慢就不容易去利益别人。那怎么办呢？就要去超越。超越自己，那是很不容易的。因为大家都按错误的认知去做事，反而变成错的都是对的。你要去超越，要去解脱，就要在这方面去努力，超越"以自我为中心"。所谓"以自我为中心"，就是时时刻刻都想到自己的利益，时时刻刻都想到自己的问题，忽略了别人，忽略了很多很多的人，所以我们要去超越，超越人生的短暂性，超越人生的局限性。因为你眼光很短浅，你看的只有今天的事情，只有明天的事情，只有很近很近的事情，远的你就看不清楚。超越局限性，就不是只顾到你一个人，或者是你家里几个人，或者是你单位里边的少数人。我们的心胸格局不容易扩大，我们的思路放不开，我们的思维模式有问题，这些就需要去超越。用"超越"这个词，大家比较容易理解，比较容易认识，也比较容易接受。

一个人、一个社会、一个国家、一个团体都有历史。我们整个人生的过程就是自己的历史；我们这个团体的过程就是寺院的历史、佛教的历史；

我们国家各个民族、各个人走过的历程就是国家的历史。我们要在这个过程当中做出一些丰功伟绩，做出一些对大家都有利、大家都能够接受、大家都能够欢喜、大家都能够快乐的事情。这对自己好，对团体好，对国家也好，何乐而不为呢？我们所呈现的种种面貌，我们来庙里念经也好，一起煮饭也好，一起研讨也好，交流也好，扫地也好，说话、做事、行住坐卧，所有一切的一切，都是过程，都是我们的生活。这些过程和生活记录下来，就是文化，就是历史，就是人生。我们要在有限的人生当中去体现无限生命的价值，在很有局限的时空因缘下，去实践和完成我们最宽广的佛法事业和自己生命的蓝图。所有这些，一点一滴，我们都要用心去体会，用心去接受，用心去学习。

以此供养大家，愿同大家共勉励！阿弥陀佛！

悲智愿行

9 月 23 日，学诚大和尚在刚刚启用
的德尘居佛堂为弟子们作了开示——《认
识烦恼是修行的开始》。大和尚教诫：在
学习佛法时常常会遇到问题、遇到困难、
遇到烦恼，这些都在所难免，这是我们修
行的开始。

　　今天在德尘居的讲堂同大家讲佛法，
也是第一次在这个讲堂讲法。这个讲堂启
用不久，还比较新，所以大家来这里都会
有一种新的感觉、新的面貌，这也是一个
新的起点。

第二讲

认识烦恼是修行的开始

一 佛法对于我们生命的价值

我们这一生能够遇到佛法，是一件非常值得庆幸的事情，也是非常难得的事情。多生多劫以来，我们都在六道当中轮回，头出头没。今天，我们能够来到清净的三宝地，与这么多非常优秀的出家同学、在家同修一起修学佛法，显得更加难能可贵，尤其在末法时代更是不可多得的。

为什么有这么多发心纯正、知见正确的人，能够认认真真、踏踏实实照着佛陀的教法去实践？换一个角度看，在未接触佛法以前，我们身边是一些什么人，我们认识结交的

是一些什么朋友？我们现在身边是一些什么人，是一些什么朋友？过去那些朋友天天告诉自己一些什么内容，我们自己又是同对方天天谈些什么话题，说些什么话，做些什么事？有时候一回想就会觉得很害怕，也会觉得很无聊，更多的情况下会觉得无奈、无助。这些大家都能感受得到，觉察得到。来到三宝地以后，接触良师益友和同行善友后的那种欢喜快乐，那种自己对生命最深层次的体验、感受是无法用语言来表达的。

我们所得到的佛法的真实利益，不是我们自己能够创造的，也不是我们自己能够发明的。我们都是跟佛法僧三宝，跟历代的祖师大德、善知识学习的。未成佛以前要一直学习，难学能学，尽一切学。我们都是在学习的阶段、修行的阶段、完善自我的阶段、超越自我的阶段。不仅我们在家的同修要学，我们出家的同学亦复如是，更需要学，要学得更好，才有能力去带动在家的同修，大家一起来学。只有我们学得比较久、比较长的同学越来越好，才有能力更好地护持僧团，才有能力引导和带动更多的人进

心裡的就不容
易認出來

心裡的火比頭
上的更嚴重，
頭上的好認

入三宝地，进入佛门，共同修学佛法。这就是我们生命同佛法的联系，佛法在自己生命当中扎根的体现。我们在学习佛法时常常会遇到问题、遇到困难、遇到烦恼，这些都在所难免。我们遇到烦恼的时候怎么办？我们遇到烦恼、发现烦恼的时候就是我们修行的开始。如果我们不学佛法，会认为有烦恼很正常，甚至会认为只有把烦恼发泄出去，烦恼才不会在自己内心留存。佛法对这点的认识刚好相反。

因为我们内心有烦恼的种子、有业的种子、有烦恼业的原因，就会导致对外在的人事物种种境界非理作意、虚妄分别，一大堆错误的、片面的看法和见解都会出现。

二　佛法与世间法

释迦牟尼佛修行成佛后，已经完全了知、通达真相，亲自证悟到诸法的本来面目，也就是胜义谛——涅槃，成佛的境界。这些成佛的境界是可以达到的，是可以用语言文字、逻辑去说明的，也是能够为所有的人所验证的。我们要来体验、用功，照着释迦牟尼佛的教法、开示，一步一步去实践，我们也会有感受和体会，能够得到快乐，逐渐会进步，会越来越好。

在这里我要说明一个什么问题呢？我们学的教法是佛陀的语言，佛陀的语言表达的是佛的境界，佛的境界是至善圆满、清净圆满的境界。圆满代表一切，圆满是没有欠缺，圆满是没有偏颇。凡夫的语言都是世间法，凡夫的文字也是世间法。世间上所有的语言跟文字不足以用来说明、诠释佛法，因此，佛法传入中国以后，很多新的名词、词汇、文字出现了。

我很難理解
你為什麼
愛吃草
而不愛
吃便便

在这里有个非常重要的概念，我们学习佛法要从语言、文字、音声入手，但是佛法的语言、文字、音声跟世间法的语言、文字、音声又有差异。问题是我们长期以来，在世俗社会所熏习、理解、掌握的语言、文字、声音，我们的思维、我们的思考等，这一切都是根据世间法来的，根据世间法来进行思考，根据世间法来进行思维，根据世间法来进行逻辑推理。久而久之，我们对佛法不仅学不进去，甚至会越走越远，越学越离题。学来学去，我们无法真正体会到佛陀要告诉我们什么道理，他要让我们做什么，他要让我们成为什么。

世俗社会里有很多的痛苦，当然也有少量的快乐，归根结底苦多乐少。我们学佛法就要慢慢去解决这个问题，让快乐越来越多，痛苦越来越少。世间法没有办法解决这个问题，只会让痛苦增加，快乐减少；佛法会让快乐增加，痛苦减少，最后没有痛苦。这种价值观，这种究竟的目的，与世间法是不同的，也可以说是两条完全不一样的路子。这就是宗教，就是佛法。佛法本身就是每一个人生命当中所需要的，也是我们个人生活的核心内容。如果我们没有佛法的行持，没有佛法的实践，不懂佛法，我们的生活就缺乏核心

部分，也就是我们生活的意义
彰显不出来、体现不出来。体
现不出我们生活的意义，自然
而然我们生活的乐趣也就没有
了。我们的生活为什么有乐趣，
我们的行为为什么有意义，其
原因就是有佛法。

三 名相无自性 善法是良药

1. 虚妄的名相

佛法一方面既要借助语言文字,一方面又要不被语言文字所拘泥,超越语言文字。这就关系到我们如何来理解语言文字的问题,"名"和"相"的问题。比如说大家看到我的手,你可以说它是一只手,也可以说这一只是左手,这一只是右手。为什么说这是右手、这是左手? 这是对我的这个身体来讲,这只手在我身体的右边,就是右手;这只手在我身体的左边,那么它就名为左手。但是它同时又可以叫做手,每个人的身体上都有两只手。

這個東西到底是汽車還是機器人?

我举这个比喻的目的在哪里？左跟右的名言，是对自己的身体来讲，反过来讲，如果不对自己的身体来讲，那么左跟右的名言就没办法安立。我们对世间上的一切事物，都会给它安立一个名言。安立一个名言以后，我们才有办法听到这个名言，内心浮现出这个物体的相状、形象。我们听到某某人的名字，我们内心里面即刻就能够显示出某某人的形象；我们听到某一个建筑物的名字，如人民大会堂、故宫，内心里面即刻就能够显示出它的相状。这就是名跟相的一种关系。反过来说，名里面包括了一定的内容，或者说是包含了特定的内容。那么相呢？相状，每一个法，世间法也好，出世间法也好，也包括了自己所特有的一些状态和内涵。

世间所有的名、相都是变化的，是假名假相的安立。假名假相的安立是什么意思呢？比如我们从小到大，时时刻刻都在变化，所以这个相是假的，它是能够变化的。我们的名字也是一样的，你可以改名字，你今天可以这么叫，明天你换一个叫法。你说我现在要改成什么名，到派出所一改就可以了。事实上，我们人很容易把自己的这些假名、假相当成真的，执著于我们自己的假名、假相，由此引发一切的问题。

释迦牟尼佛告诉我们五蕴皆空，名相也都是空的，都是无自性的。我们眼睛所看到的、我们心意识所感觉到的，所有这一切都是不真实的，都是虚妄的。佛陀告诉我们世间上一切法的虚妄分别，种种的名跟相，目的不是要来否定这个世间，而是告诉我们，不要执著于这个世间，不要迷恋于这个世间，要超越于这个世间，要解脱于这个世间一切的名跟相。也就是说，我们要用对治法，用佛法来对治自己对假名、假相的执著。我们要慢慢去培养这种力量。这种力量的培养需要靠佛法、靠修行、靠用功，只有这样才有办法对治。

我们认识烦恼的时候就是修行的开始。我们怎样下手，怎样去对治呢？刚才谈到了对名相的认识，接下来怎么办呢？

2. 善心生智慧

现在的人都非常聪明，智力很好。我们常常会听到"聪明过人"这句话，但是我们没有听说过"善良过人"。很聪明的人不一定很善良，很善良的人不一定很聪明。我们学佛法的目的就是让自己越来越善良，变得越来越好，对所有的人都善良。一个人的本性、本心、身语意三业清净无染，无私无我，并且具足悲心、愿力，他自然而然就会善良。我们学佛法，与其说是培养我们的能力，培养我们的文化知识、智慧，倒不如说是培养善心、良心，培养我们的这种悲天悯人的情怀，启发我们的佛性。

　　反过来说，我们有这种心理，我们内心有这样一种极其强大的力量，这就是佛法的种子在我们内心扎根、发芽的一种体现。如果我们内心具足善良，自然而然我们的智慧就会显发，因为他对人事物的看法、认识和判断是不同于世间人的。我们要从有漏的善法，逐步转变到无漏的善法、无为的善法，所以佛法要解决的是善跟恶的问题，也就是烦恼与智慧的问题。智慧就是善，烦恼就是恶。善、恶的特点就是从智慧、烦恼来区分。

四　圆满的信仰

1. 有信仰才有希望

我们要了解一个民族，要看一个民族有没有希望，这个民族好不好，就要了解这个民族有没有信仰。在世界上也好，在我们国家也好，好多民族信仰某一种宗教，比如信仰佛教、伊斯兰教……也有好多个民族信仰同一种宗教，当然也有同一个民族的人信仰不同的宗教，或者说也有人不信仰宗教，各种情况都是有的。我们了解一个人也是如此，他相信什么，他信仰什么，这是很重要的。如果一个人什么都不信，问题就很大，什么都不信就进入了虚无主义的状态。人总是要有信仰，而信仰佛法是最好的、最究竟圆满的、最稳妥的。当然这是因为我们是出家人、是佛教徒才这么说。实际上，因为我们有真正的体验，我们有真正的感受，所以我们这么说也不为过，我们这么说也是有根据的。

2. 信心很重要

如何让一个人在自己的信仰之路上越走越稳，越走越有信心，越走越能够接近于我们的目标——趋向于圆满，让自己的生命内涵更加丰富多彩？对自己的定位非常重要。所谓"自己的定位"是什么意思呢？就是如何来认识自己，在整个生命历程当中何去何从，找到自己的下手处。

如果我们没办法定位，就说明我们不知道自己在什么地方。虽然我们人在这个讲堂里，心却不知道在什么地方；我们人在家里，心却不知道在什么地方；我们人在单位里、在学校里，但是我们的心在哪里？这个心永远无所依皈，永远无所着落。为什么心永远无所依皈呢？就是对什么都不信，对什么都有怀疑，或者说对什么都信不起来。因为信不起来，所以他自然而然就要产生怀疑。

我们学佛法就是要培养这样的一种信心，对三宝的信心。这种信心培养起来，才能够启发我们的善良，才能够启发我们的智慧，才能够改变我们内心里面种种的烦恼与业。

如果没有信心作为前提、没有信仰作为前提，我们所有的一切就仅仅是在文字理论上的推演。单纯在文字理论上的推演，与自己的生命是了不相干的，这种意义是不大的。这不是真正在学习佛法，不是一种宗教的行为，这方面我们要特别注意。特别注意就说明我们常常会犯这样的错误，我们常常会有这样的问题。这样的问题我们解决不了，或者今天解决了，它明天又出来；明天解决了，后天又出来，它从根本上解决不了。这方面我们要去对治，我们要去注意。

3. 对治烦恼靠修行

我们怎么去对治烦恼，我们怎么去注意它呢？注意我们自己的思想、我们自己的想法符合不符合佛法，如理不如理，如法不如法，是不是有问题。也就是说，当我们对三宝、对佛法产生怀疑的时候，就是烦恼出现了。烦恼出现的时候，就要靠佛法来对治。我们一看一比对，发现思想已经脱离了佛法，违背了佛法，那么这种思想就要不得了。这样一来，我们的认知、我们的见解，就会得到很及时的调整。

那么如何对治呢？就是要去修行，修行才是真正的对治法。比如犹太教徒，他们在安息日是绝对不工作的；基督教徒每个礼拜是绝对要去做礼拜的；穆斯林每天向麦加祷告五次。这是为什么呢？就是因为他们内心时时刻刻对自己信仰的对象能够真正地皈依，真正地回归，真正地来收敛自己这

些世俗散乱的身语意行为。否则的话，我们美其名曰在学佛，是佛教徒，而实际上我们的所作所为，很难根据佛法的观念来实践。

我们只有在真正对治烦恼的时候，只有真正去用功、去修行的时候，比如念经、打坐，或者我们研讨，或者用佛法来比对、来对治自己内心的时候，用功的时候、用法的时候，才知道自己是一个什么条件，自己是否对治得了内心的烦恼。如果我们没有刻意花工夫去对治烦恼，我们一天当中，乃至一年当中都是处在无明状态；我们只有刻意去对治、去用功的时候，才有办法去发现我们的问题、我们的烦恼；我们发现了自己的问题、烦恼，才是修行的开始、用功的开始。如果没有发现、发现不了，无论做什么都是在心外做功夫，都是在心外来论法，都是在心外来论道。

五 学佛的方法和路子

1. 共修的殊胜

大家工作比较忙碌，但我们一个礼拜至少要有一次同学共修的机会，这样才能够让自己内心善法的力量不断得到增强。在家的时候，自己孤单单的一个人很难培养出来慈悲心，智慧和愿力也启发不出来。久而久之，我们人的性格就会变得很孤僻，就不容易合群、不容易同别人相处，更不要说去帮助、利益人。我们连最基本的为人处世之道都掌握不了，都做不好，怎么去成佛？

怎样去自利利他？怎样来发菩提心、发大乘心？

我们学大乘佛法跟学二乘是不一样的，很少有人说我们要学二乘。我们都要学佛，学佛就是要成佛，很少有人说我们要学罗汉、我们要成罗汉。既然我们要学佛，就要有学佛的方法和路子，照这种方法和路子去做，我们才能够成佛。不然的话，我们对学佛的概念还没有弄清楚，如何来谈学佛？如何来谈成佛？我们要学

佛，就必须要有很远大的目标，很高远的志向，要有很深刻的生命体验。获取这些生命的体验就靠修行。很高远的生命目标和志向，要靠我们的发心、发愿，才能不断激发我们生命内在的潜能。我们不断发愿，内在的潜能就能够不断地被激发出来。不忘发心，我们才不会迷茫，不会迷失自我，生命才会有方向；我们对佛法有真正的体会，这种动力才不会枯竭。这是一体的，不可偏颇。

一个人、十个人、一百个人，这种业其结果是不一样的。一个人的业力是非常微弱的，而十个人、一百个人、一千个人的业力就非常大。我们每个人就像一颗火苗一样，星星之火，不小心被风吹灭了，灭了就不容易再燃烧起来。我们把这些火星，一点一点地集聚在一起，变成火把、变成火炬，它会永远在燃烧、永远在发光，能够永远照亮人世间，利乐诸有情，那是完全不一样的。这个道理跟一滴水放在大海里面永不干枯是一样的。

2. 用身语意诠释信仰

我们应如何来实践佛法，才能在自己的生命中对佛法有更加深刻的体会，让自己生命的潜能不断得到发挥？刚才谈到信仰，信仰什么？信三宝，信业果。业决定一切。那么，如何来信三宝？如何来信业果？如何来信，不是仅仅指如何来认识业果的原理，如何来认识三宝的意义，而是要搞清楚信什么和怎么信，不仅是指怎么来认识信仰的对象。

信什么？我们怎么信？要用我们实际的身语意三业的行为来诠释我们在信什么，我们怎么信。否则的话，我们永远弄不清楚什么是信仰。信仰，就是要在我们身语意三业当中去体现。反过来说，我们身语意三业的一切，因为有信仰的基础和信仰的根本，所以我们的行为是不共世间的，我们的行为有特别的意义，我们的行为是趋向于成佛的。只有用自己身语意三业的行为来诠释佛法的时候，才能够真正转变自己的生命，自己的生命才能实现真正的转弯。否则的话，我们自己还是自己，佛法还是佛法，两者永远不能结合在一起。

3. 走佛菩萨开好的路

佛法讲"普度众生"。大乘佛法要让所有的人都能够去成佛，发大乘心。大乘佛法在过去被比喻为一艘大轮船、一部大汽车。我们要过大海，游泳是游不过去的，我们会掉到大海里死去。这时我们需要靠轮船、车子的力量，需要佛法的力量。然而，我觉得有比开车、驾船更好的方式，比如你可以建一座桥、修一条路，对不对？如果你建一座桥，大家在桥上走路也好、坐车也好，他就不会沉沦到苦海里；如果你开一条路出来，千千万万的人都不会迷路，都能够到达目的地。这句话的意思就是说，开路的人有时候比驾车的人更重要，也就是说，如果没有路只有车，你车也开不出去，你怎么去开呢？

我们今天能够学到佛法，都是因为过去的佛菩萨、祖师大德们为我们开好了这条路，所以我们才能够在这条路上学修。这是有路了，我们看到路了，因为有路肯定就有目的地，我们照着这条路去走就能够到达目的地。

4. 常到三宝地充电

有时候，我们自己的这部车子在路上出问题、出现不能跑的情况也在所难免。汽车损耗、汽油不足……都可能导致这种情况出现。那么汽油不足怎么办呢？就需要加油。汽车损耗了就需要检修、维修，这样才能够安全到达目的地。我们来到寺庙里对自己来说，就是在检修自己的身语意三业，整个身心检查、修理一遍，同时也在充电、加油。只有这样，我们在整个佛法修学的道路上才能够越走越稳，越走越远，越走越不会迷失、不会停顿。一次、两次充电是不够的，十次、一百次也是不够的，要永远去用功，永远去努力，永远去发心，永远去做。如果你做一次却停留很久，内在的动力肯定会不足，肯定会下降。

三宝地如同发电站一样，里边有充足的电源，足够给每个人去充电。所有的人都离不开三宝地，离不开三宝，离不开同行善友、善知识对自己的帮助。如果没有这样的一个氛围，佛法就不容易得到很好的传承。这种氛围的营造是非常重要的，这要靠大家的力量，要靠大家的发心。

我们到庙里来修学佛法，不是来得到一两个很简单的概念。佛法的概念，一次、两次，一天、两天，一年、两年，在三宝地慢慢熏陶就会知道了，五乘佛法、戒定慧、贪瞋痴……都会知道。我们不是来获得几个佛法的名言概念而已，整个实践过程是我们修学的必不可少的重要组成部分，是我们生活的核心部分。

六 如何与佛法相应

人的语言具有局限性，而佛陀的境界是无限的。佛陀的境界是无有边际的，是圆满的，是无限的。我们用世间所有的语言来形容佛法有多么好，都是不够的，佛法永远不止这样一些简单的意义。我们不能在这些名言工具上停滞不前，我们更不能在这些形式上停滞不前。"形式上"是什么意思呢？形式就是外表的部分，就是拘泥于宗教的这些形式，佛教的这些形式。我们更需要的是它的内涵、它的核心。内涵和核心就是佛法。无论内涵也好，核心也好，关键点就是佛法。

佛法是佛陀为我们凡夫众生宣说的，但是我们在理解它时，又是千差万别、各不相同的。每一个人对佛法理解不同，不能说每个人都是错的，我们本身就可以从各个不同的点来诠释佛法。关键是我们自己要如何在这些点上，找到自己相应的点，这是非常重要的。八万四千法门都是要达到一个目的地。佛陀说："归元无二路，方便有多门。"不同的法门都是为了要对治我们当下的现行，都是为了启发我们的信心，都是为了让我们能够更好地发长远的心。

古往今来，之所以有那么多的佛菩萨出世，那么多佛菩萨、祖师大德示现，是因为众生的业障很重。众生非常非常多，无量无边，有些众生跟释迦牟尼佛有缘，有些众生跟弥勒佛有缘，有些众生跟阿弥陀佛有缘，有些众生同观音菩萨有缘，有些众生同文殊菩萨有缘，有些众生同普贤菩萨有缘，有些众生同地藏菩萨有缘……也就是说，不同的佛菩萨他们总的愿都是一样的——要度众生，但是他们的缘不一样。这个缘不一样是由我们凡夫的条件决定的。我们自己具备的条件，决定了我们同什么佛菩萨、善知识相应。

反过来说，我们发了什么心，我们发了什么愿，我们根据什么标准去实践，然后慢慢就会跟什么佛法相应，就跟什么样的佛菩萨相应。相应不相应，相应的程度如何，都是根据佛法去判断的，而不是从形式上面去判断。从形式上面来判断，每个人都是三宝弟子，都是佛教徒，这肯定不会有错。虽然每个人都是佛教徒，都是三宝弟子，但是每个人又不同，不同的地方就是对法相应的程度、相应的点不同，这点就很重要。我们要找到下手处，要找到立足点，就必须要找到相应的部分，这样才会有信心。

当然从另外一个角度来讲，我们找不到路，我们对很多佛菩萨、很多的经典、很多善知识生不起信心，或者说轻毁、诽谤、不信等，这些都是我们自己的业障造成的。因为我们有业障，所以我们对佛菩萨的信心就生不起来，或者说对其他的法门生不起信心来。这两个就是不同的意思：一个意思就是说我们要找到自己的立足点和下手处；还有一个，我们对自己还没有学习的这些

佛法，还不知道的、不了解的这些佛菩萨、祖师大德，我们是一个什么心情，是一个什么心态，是一个什么态度，这很重要。如果我们生不起信心，至少说明，我们学得还不够，我们学得还不好。我们学够了，我们学好了，我们就通达了。法法都是相同的，法法都是相通的，法法都是无碍的，佛佛道同，这是肯定的，都能够通的。

今天同大家分享的主题：在自己生命的缘起点上，如何很好地与佛法相应。我想大家如果能够好好体会，好好去认识，好好去努力，这种信心一定会得到不断增强。

以此供养大家。

今天是中华民族的传统节日——中秋节。中秋节是继春节之后的第二大传统节日，又逢"十一"黄金周，各位发大心，来龙泉寺学习佛法、修行佛法，念了一个星期的《楞严经》，积聚了很多很多的资粮。虽然是露天场地，但是非常清净庄严，供品十分丰富，可谓琳琅满目。由此可见，诸位对佛陀信仰的无限虔诚。

第三讲

佛教是一种系统完整的生命教育

一 佛陀开创了生命教育

1. 认识佛陀

释迦牟尼佛是一位修行成道的圣人，大彻大悟。他具足福德、智慧、慈悲，是圆满的。释迦牟尼佛出生时，有许许多多的奇迹、瑞相出现。根据经典记载，佛陀出世的时候，很多聋子突然能够听到声音；不少瞎子恢复了视力；很多哑巴突然间能够说出话来；有些驼背的人，身子能够直起来；不少跛子，能够正常走起路来；还有好多囚犯，从监狱里面被释放出来；许许多多的猛兽也不再吼叫，不再去伤害人……总的来说，有很多很多的瑞相出现，不同于一般人来到人世间。

释迦牟尼佛贵为王子，但是他没有想要去继承王位。反过来，他想去出家、去修道，解脱自己生命的痛苦，使得佛教流传至今，大家才能够来到寺庙学习佛法。

他为什么能够发这种心，

能够去修行、成佛？释迦牟尼佛在未出家时，曾经经历了人们常常看到的景象——老、病、死。他看到老人眼睛花了、牙齿掉了、耳朵听不清楚、满脸都是皱纹等，内心就很难过、很悲哀、很痛苦。有一回，他出城门的时候，看到一个病人，奄奄一息，痛苦不已，便大发慈悲心，感受到痛苦，犹如自己生病一样。又有一回，佛陀出城门的时候，看到一个死人，死亡的那种景象、那种苦楚，实在难以言状。又有一回，释迦牟尼佛见到一个修道人，威仪具足、仪表不凡。这些景象逐步让释迦牟尼佛感到，人的身体总是免不了衰老、病痛、死亡，这些痛苦时时刻刻跟我们联系在一起，逃避不掉。

大夫，我年輕的時候，一口好牙……

老人家，假牙也會卡死人的……

恭喜你，生個兒子，十斤八兩重

病人病危，請家屬迴避

我們說過要天長地久……

大夫，我發誓是真的……

這麼嚴重的傷，真是你老婆打的嗎

你就會被尿憋死

大夫，這個前列腺手術不做的話……

有財啊，你死了我可怎麼活呀……

老張，七號床剛死用這個冰櫃吧

你忘了？這個不好用，製冷效果差……

大夫，為什麼這個病人要轉到精神專科了……

看來這個病人想要的總是得不到，這輩子

2．生命的教育

佛教的本质就是要教育、教导、教化所有的众生，提升众生精神境界，提高众生道德品质，开发众生智慧宝藏，使众生转凡成圣，转染成净，转烦恼成菩提，从迷的世界逐步进入悟的世界。佛教是一种系统的、完整的生命教育，释迦牟尼佛就是这个系统、完整生命教育的创始人。

古往今来，无论是印度的、中国的、韩国的、日本的，还是南传佛教的、藏传佛教的、汉传佛教的，许许多多的高僧大德、传承祖师，他们都肩负着承前启后、继往开来、教育引导众生破迷开悟的责任。也就是说，这些大德法师就是我们的老师、我们的善知识、对我们有恩的人。佛法虽然看起来浩如烟海、博大精深，体系极其庞大，但它是有主线的，它的主线就是生命的教育。佛法是一个非常有组织、非常有序和完整的机体。

二　依师熏修　珍惜暇身

我们人道在六道当中是最为殊胜、最为难得的一道。所以，人是最容易听闻到佛法、最容易接受佛法、最有善根的。那么身处人道，我们如何来认识、学习、掌握生命系统教育，从而改变自己的身心，提升自己生命的品质？这是非常重要的。

一谈到教育，大家都非常熟悉。因为我们在家里受到父母的教育，在学校里受到老师的教育，在社会上面要受到顶头上司、经理的教育，在寺庙里受到出家法师的教育等，由此可见教育的重要性。在社会上，我们也常常听到"尊师重教"的说法。尊师重教，是中华民族几千年来一直极力提倡和弘扬的重要观念，在今天更是如此，比如我们对老师的尊重。尊师重教，用佛法的语言来讲，就是依师法。

依师法，它是总结佛教生命系统教育最为宝贵的经验，也是体现佛法重视教育的最有价值的内容。我想，这一点是尤其重要的。就是说我们在家的时候，如何很好地向老师学习文化知识、技能？我们学佛法的时候，如何很好地向出家法师学习佛法？我们与出家法师之间应如何来面对、相处？从在家信徒这方面来讲，就是应该如何来对待僧团、对待法师？反过来，出家的法师应该如何来帮助、引导、教育信众，以及对信众负责？这又是另外一个方面的问题了。出家的法师也是一样，要跟出家比较久的法师、善知识们学习，同时也要向佛菩萨、祖师大德们学习。总的来说，我们都要以一种学习的心态，以一种接受教育的心态，来信仰佛教，来学习佛法，来解决自己生命当中遇到的问题。

大家都非常有福报，能够拥有一个可以接受佛法的人身，用佛教的语言来讲，就是具足暇满。具足暇满，就要好好修学佛法，不能等待死神来临的时候再学，那就来不及了。到死亡的时候，就决定了我们下一阶段去哪里，所以我们要趁现在身体健康的时候、头脑还清楚的时候、我们还有能力的时候、能够自己做得了主的时候，把时间、心思全部用在佛法上面，这是很重要的。学佛法不是茶余饭后的消遣，也不是找些人来凑凑热闹，更不是交交朋友，了解一下佛法的皮毛而已。这样的话，就非常可惜，非常浪费。这些都不是我们来到寺院宝地要得到的，我们要得到的是真正的佛法。

今朝牧它
来牧它
你它牧日
牧你

　　佛经里面讲，拥有一个暇满的人身，比拥有一颗摩尼宝珠还要珍贵。为什么这么说呢？因为摩尼宝珠只能解决我们今生今世眼前的贫穷、眼前的困难、眼前的问题，而佛法能够帮助我们解决终极的问题，成就究竟的快乐。虽然摩尼宝珠在世间是最为珍贵的、最为稀罕的、最有价值的，但是不可以跟佛法相比。我们遇到了无价的佛法宝藏，这些宝藏百千万劫难遭遇，我们不能空手而归。我们应该不断追求，来获得佛法智慧的宝藏，而不能把大量的时间浪费掉。更不可以说，我们面对宝藏的时候，不知所措，不知从何下手。这些都需要在我们未学佛的时候认真去思考，在学佛的过程当中不能忘记。

　　我们学佛法，不仅要解决眼前的问题，解决今生今世的问题，也不仅是为了解决自己一个人的事情，我们是要解决来生的、更长远的问题，以及要解决许许多多，甚至一切众生的问题。

大夫，我还能活多久

三　无常是苦

1. 苦苦 坏苦 行苦

　　大家都知道，佛教对苦的分类，有苦苦、坏苦、行苦。

　　苦苦很好理解，我们能够感受到是苦的，比如刚才谈到死亡的痛苦。发生火灾、发生地震、发生车祸、罹患疾病等，都是非常痛苦的。

　　坏苦，每个人都会衰老，都在逐步衰老、变化；我们一件很好的衣服，忽然间破了一个洞；我们有很多的财物，忽然间被人家抢走、偷走了等，这都是坏苦。对于坏苦和苦苦，世间的人都是能够认识到、感受到的，都有体会，是共世间的。

还有一个苦，叫做行苦。行苦不太好理解，也不太好感受。所谓"行苦"，就是"无常故苦"。世间的一切人事物，所有一切的一切都是无常的，因此从无常这个定义来讲，它是痛苦的。因为无常，所以它潜伏着不确定性，潜伏着危机，潜伏着恐怖，潜伏着没有答案，

这本身对我们来说就是最大的一个痛苦。我们希望自己有一个很好的心态，但是它很快就会变化，烦恼、贪瞋痴出来了，就不能让好心态持续；我们读了很多的书，但是记不住；我们做过很多事情，好的事情不容易记得住，坏的事情一直想抹却抹不掉。外在也是一样，

外在种种的因素、环境不知不觉对我们的影响很大。一出家门，会遇到什么人，遇到什么事，自己也说不清楚，自己也难以预料，更不可能去左右和掌握。气候也是一样，干旱的时候，要雨水，偏偏没有雨水；发水灾的时候，偏偏还在下雨。这些都是行苦，都是无常。

股市有風險
入市須謹慎

2. 人世间的本质

　　无常是人世间的规律，是人世间的本质，所有的有情与无情都逃脱不掉。那么我们如何来认识、体会和把握无常的规律？它虽然是无常，但也是有规律的。外在的山河、大地、宇宙，内至我们的生命、我们的身心、我们的心念，都是无常的。所以学佛法，就是要在无常方面去下手，去着力。常常听到"念死无常"，死是无常最重要的一个特征，死亡的境界是最强烈的，也是无常最重要的一个标志。我们要解决死亡的问题，要解决"无常故苦"这样一个规律，要超越这个规律，就需要学习佛法。

油盡燈滅

死亡本身并不是很可怕，为什么这么说呢？因为任何人都逃脱不掉死亡这样一个结果。我们害怕的是什么呢？害怕的是死亡以后会怎么样，死亡以后还存在不存在。假如死亡以后会存在，那么它是怎么存在的？假如死亡以后会存在，那么它会更好，还是更差？更多的人关心的是死亡以后的境界，是对死亡以后的关注、担心和害怕，而不是死亡时的一瞬间。

爸爸，人死了以後去了哪裡

小孩子、不要老是問這種讓大人下不來臺的問題

我们学佛法就是要了解今生今世的所作所为，跟死亡以后有什么关联，跟后世有什么关系。这些非常重要。

比如一个小孩生病的时候，父母就非常担心，他们的担心包括很多方面：担心小孩的病不会好，担心小孩的病会越来越严重，担心小孩受苦，担心小孩会害怕，担心小孩出院以后日子不好过、身体差等。这个担心是代表一切的。同时，这个担心从另外一个角度来讲，也是关心，是对自己儿女的关心。对自己来讲是担心，对对方来讲就是关心。

实际上，担心也好、关心也好，仅仅表示人的一种心情、一种内心的状态。我们要让对方身体好起来，那就需要找医生，看病吃药，注意饮食、卫生、健康，等等。从身体方面来讲，应该这样来对待。那我们从心灵方面、从内心方面，也应该有一个积极的、健康的、稳定的、良好的心态。

四　苦乐源自内心　生命相续无限

内心的疾病要比身体的毛病更不容易认识清楚，更不容易治疗，但是更多的人仅仅会关心身体的健康，而忽略了心灵的健康。他只是关心我们生活怎样过得好一点、幸福一点，而忽略了心灵上面的快乐和幸福。实际上，一个人过得快乐不快乐，都是来自于人的心，是心里的一种感受、内心的一种感觉。他内心感受快乐，就是快乐；内心感受痛苦，遇到再好的境界，也会感受到痛苦。我们学佛法，就是要在自己的内心方面去下手，内心方面去用功，去着力。

世间上的知识越来越丰富，学科也越来越多，大家对知识的拥有量比过去不知增长了多少，但是不等于说现代的人就越来越有智慧。一个有文化的人，并不等于说他的智慧就很高。智慧跟文化、跟知识的概念是不一样的。

学佛法就是要能拥有这样一种智慧——如何来面对自己的内心，能够认识内心的问题，能够解决内心的问题。这些问题不仅是说我保持一个好的心态就可以了，这些内心的问题，它是要跟自己的前生后世联系在一起来考虑的，它更关心的是自己以及众生更长远的未来、更广阔的时空。

现在的科学比较发达，很多过去理解不了的，现在慢慢都能够理解；过去未知的领域，现在逐步也在被打开。生和死的问题，也可以说死和生的问题，我们从生到死，然后从死再到生，生和死本来就是同一个时间。也就是说，我们从出生开始就逐步逐步、一天又一天、一年又一年走向死亡。

我们死亡的时候，同时就在另一个状态当中去出现、去产生。现代的量子学有一个发明，叫做基本粒子。有些基本粒子的特点之一就是即生即灭、即灭即生。可以用即生即灭的道理，来解释佛教的死生一体、死生一如、不生不死、生命无限这样一个命题。在同一个时刻，生和灭是同一个时间，灭和生也是同一个时间，后辈子的生就是这辈子的死。

人死亡仅仅表示我们这一生七八十年生命的结束。我们的后世就意味着自己另外一个生命的开始。对个体来讲，生命是一直延续下去的，一天又一天、一年又一年这样延续下去的。这个问题对我们学佛法的人来讲，需要很好地去思考，很好地去思维它的意义。这样，我们的所作所为才不会局限，才不会拘泥于眼前的生活、眼前的一些小小的利益，才能着眼于长远的利益，才能跟自己的无限生命联系在一起。

五　无明与智慧

1.　通达业果 不造恶业

　　佛法告诉我们，一切痛苦的根源都来源于烦恼，来源于烦恼所造的种种的业，所以我们才会感到痛苦。烦恼的出现就表明我们缺乏智慧，没有智慧的力量，所以会推动自己的身语意去造作种种的恶业。学佛法就是要来破除无明，要解脱烦恼，这样才不会去造恶业。

菩薩保佑，今天能釣到一條大魚，改天買三斤水果還願

　　烦恼跟智慧是相对的，烦恼时肯定做错事、做坏事、造恶业；智慧时就不会做错事，不会做坏事，造的是善业，是清净的业。反过来说，我们的智慧增长一分，烦恼就减轻一分，智慧一分一分在增长，烦恼就一分一分在减弱。善跟恶，烦恼跟智慧，常常是自己和自己作对，自己和自己交战。善良不仅是丑恶的反面，善良的前提、佛法的前提也意味着、决定着恶的停止。也就是说，你学了佛法，内心也有了佛法，就不能去造恶业。如果说我们一边在念经、在念佛、在打坐，一边又去造恶业，又去做很多的坏事，就说明我们对佛法的观念了解不清楚，还是糊里糊涂。所以，我们先要止恶，然后才能行善，止恶和行善是一体的。

　　很多情况下，我们一边做好事一边也做坏事，这就是对

业果了解不清楚、不能通达的表现，不知道什么原因、什么行为会导致什么结果，更不知道这个结果有多重大、结果有多可怕。学佛法就是要帮助我们来建立正见，使我们的所作所为能够给自己和大家带来快乐的结果，带来好的结果。这就是业果的原理、缘起的原理，需要去学习。如果不去学习的话，我们不可能有那种力量，有那种方法，有那种解决问题的答案。

2. 上求佛道 下化众生

我们怎么学呢？就要跟三宝学，跟善知识学。经典里面告诉我们"视师如佛"，就是看到出家的法师，看到能够给我们讲佛法的人，都要把他们当成佛一样。为什么这么说呢？因为佛告诉我们的是佛法，善知识告诉我们的也是佛法，都是一样的。

我们怎么对众生呢？众生叫做"如母有情"。佛经里面讲"一切男子是我父，一切女子是我母"，看世间所有的众生都是自己的父母，看自己的老师犹如佛。这样的一个人，他的道德品质、思想境界是非常高尚的，他能够把所有的人都当成自己的父母，把所有的老师都当成佛菩萨。这样，他肯定一方面会听话，会照着去做，照着善知识告诉他的佛法去实践；另一方面，对众生来讲，因为都是他的父母，他肯定会真心实意、不计代价、不计报酬，发自内心地去利益他们。用佛法另外一个名词来讲，就是"上求佛道，下化众生"。

我们为什么难以做到呢？我们对经典，对为我们讲佛法的法师不能生起恭敬心，不能生起虔诚的心，甚至不能相信，其原因就是我们内心里面有无明烦恼。我们对和我们相处的人——父母、兄弟姐妹、朋友、同事，彼此不能互相包容，不能坦诚相待，不能以礼相待，不能和睦相处，其原因也是我们内在有问题。内在有问题，有烦恼、无明、所知障……知见有问题，总是害怕、担心我们自己不好的行为会被人家知道，会被人家批评，害怕自己眼前的利益会受损、会失去，等等。也就是说，会在一些鸡毛蒜皮、细枝末节的环节上用心，而不能从更大的利益、更长远的利益去考虑。

六　生命教育　从心开始

1. 心态决定结果

　　有什么样的心态就会有什么样的行为，有什么样的行为就会有什么样的结果。佛法就是要帮助我们理清这样一些思路，帮助我们建立这样的观念、这样的理念。当然这些观念的形成、理念的培养非一朝一夕能够做到，需要很长的时间，要一生一世，甚至多生多世用功，才有办法去突破。我们要对治一个小小的毛病，都是非常不容易的。

　　比如说我们一个人被蚊子叮，那么蚊子叮我们一下，本身也不是很痛的，可能会吸走我们一点点的血，实际上也吃不了多少。但是我们对被蚊子叮的那种恐惧、害怕更厉害。它叮我们的时候，我们的心还一直在疼、还一直在害怕。那种害怕、恐怖、疼痛比被蚊子叮本身的疼痛，要多许多倍。那种恐惧给自己心灵留下来的痕迹、创伤和影响会更加严重。

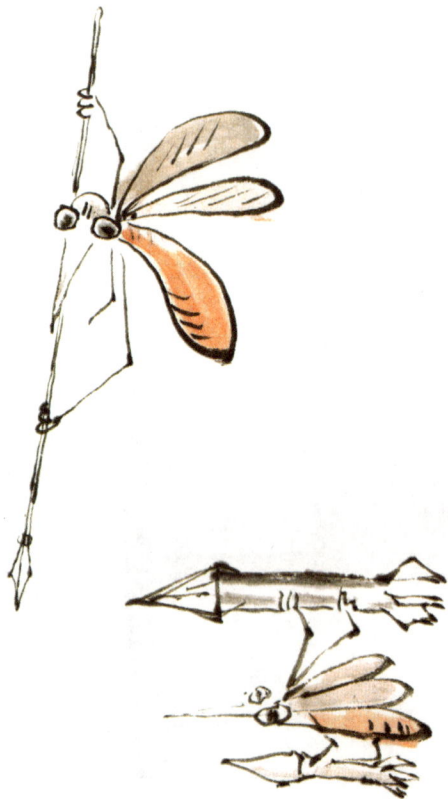

实际上你已经被它叮了，你不管怕不怕都已经被叮了，已经没有办法了，是不是？只好在没有被叮的时候，我们就做好准备，这样就不会被叮。当真正被它叮的时候，你不用害怕，那也没什么可怕的，叮一下也不会有什么大的问题。诸如此类的情况，在日常生活当中常常会发生，常常会有。

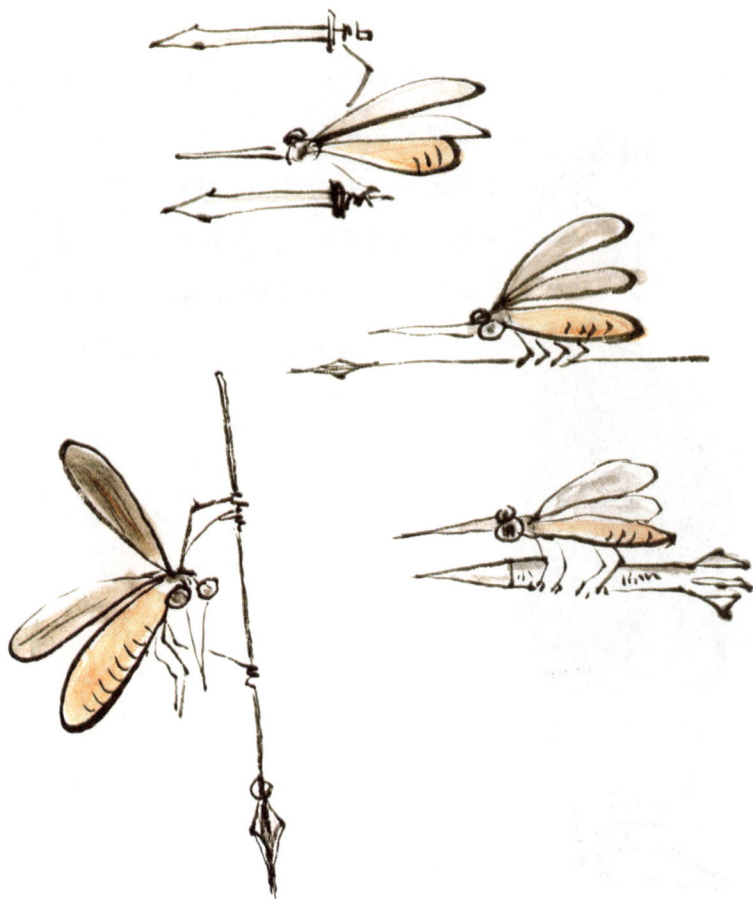

我们总是非常害怕、非常恐惧别人对我们的伤害，这其实是大大不必的。更关键的是我们应该本着一个什么样的心态来面对，这样我们内心才会有力量。我们内心要有力量来面对、抗拒外在的种种冲击对我们的影响，就要用更强的佛法的力量去化解外在一些不好的力量对我们的影响。外在的一些不好的力量无非都是贪瞋痴，无非都是恶的业力。我们内在佛法的力量比较强、善的力量比较强，自然而然就能够抵御了。如果抵御不了，受到影响，就说明我们内在佛法的力量是很弱的。

2．解决世间的苦难

我们不能以一个结果来判断，我们应该从人的行为来判断，我们应该从行为的起因来判断，这是很重要的。比如说，现在我们常常听到"恐怖主义"这个词，实际上你去找也找不到，你说恐怖主义在哪里？恐怖主义是一个概念。恐怖分子是有形有相的，他们专门去做那些伤天害理、危害人类、给人们带来极大痛苦的事情。可是，恐怖事件的发生是很难预测的。现在世界上很多地方、很多国家都发生过恐怖事件，但绝大部分的人并不见得会遇到恐怖分子的攻击。虽然没有遇到，可很多人还是很害怕，尤其出国的时候非常害怕。

我们如果学佛法，就很容易从业果的角度来认识恐怖活动，认识恐怖行为，认识恐怖主义。这些恐怖行为和活动的产生，是因为恐怖组织给恐怖分子从小就灌输一些邪恶的观念，说某些人怎么坏……给他们灌输一些反面的内容，也就是进行一些恶的教育，不是善的教育。这样的话，他自然而然就去搞爆炸，去杀人，他就不会害怕，也就是在我们的内心种下了那些不好的因——恶因。我说这话的意思是什么呢？就是说，我们内心里面通过学佛法以后，能够有这种能力来面对世间所发生的种种事情，甚至种种的苦难。我们一方面有这种力量去面对，另一方面我们也有这种力量去帮助解决世间的种种苦难，这是非常重要的。我们要帮助世间解决这些苦难，是从原因开始、从教育开始，从生命的教育、从心灵的教育、从佛法的系统教育开始，从人的认识、从人的价值观方面开始，去改变，去建立。

比如对一个国家来讲，所有的人民就是国家的主体，政府则是替人民来主导这个国家的。对一个人来讲，这颗心就是主导，就是主体。我们要靠心来主导我们的身体，要靠我们的心来主导我们的行为，如果我们的心不能主导我们的行为，或者说我们整个的身心不能很好地结合在一起，就说明我们的内心有问题。我们来到庙里，在这样一个清净的环境里，要能够更加清晰地认识自己的心，了解自己的心究竟是一个什么状态，了解我们的心究竟需要的是什么，不要的是什么。我们不要的是烦恼，需要的是佛法。

人的身体仅仅是我们的外表，内心才是非常重要的。我们不能从外表上来看人的价值，从外表上有时候是看不清楚的，更重要的是要从他的内涵，从他的机体来看待。比如说一个人，长得非常庄严，但是如果患有癌症，那就非常危险了，如果一个人长得相貌不是很好看，但是身体非常健康，这两种我们需要的是哪一种呢？肯定需要的是身体健康、身心健康。我们身心要想都很健康，就需要佛法，佛法能够让我们的内心更加健康、更加清净。

3. 追求生命快乐

在世间，我们常常会听到一个名词 ——"欲望"，也常常会说"人的欲望很大"。欲望是永远不能满足的。我们如何来对待自己内心的贪欲？佛法有办法，佛法有要求，佛法能够告诉我们如何来面对。最主要的是我们不能去追逐欲望，为什么呢？因为欲望永远不能满足，也就是欲望永远得不到。即使得到，还会有更大的欲望；即使得到，还会失去。我们应该追求快乐，而不能去追逐欲望。欲望并不能带来和引发快乐。反过来说，如果个人一时的欲望得到满足，但是会给自己更长远的未来、会给更多的人带来痛苦和不幸；而如果我们是在追求自己生命快乐的起点上下手，就不会有这样的后果和过患。

佛法是一个引导我们究竟离苦得乐的系统的、完整的生命教育。大家来到寺庙一天、听一次佛法、接受一次教育，我相信都是会有收获的。

以此祝福大家！

10 月 14 日，学诚大和尚为弟子们作了《欲乐与法乐的省思》的开示。大和尚让我们体悟：为什么学佛学久了道心会退失？什么是欲乐？什么是法乐？五欲有何过患？如何对治私欲和贪心？

第四讲

欲乐与法乐的省思

学佛一年佛在眼前
学佛两年佛在大殿
学佛三年佛在天边

一　信仰淡化的原因

今天我们来讲讲修行佛法过程中常出现的一些情况。在佛门里有不少人，尤其是信仰比较好、道心比较好的一些佛教徒，学了几年以后，信仰不仅没有得到加强、巩固，反而有减弱、退化的现象；道心不仅没有越来越得到增长，反而日渐退失。这是我们常常会遇到的、看到的、听到的一些问题，更是常常发生在自己周边的事，也有可能就是我们自己本身。我们学了佛法，应该要越来越有信心，越来越能够脚踏实地，走好路子，走稳路子，这样才是正确的。

上述问题的产生，以及问题程度的加重，原因很多。有的是因为没有找到修道的方法、途径和次第，难以入门，难以一门深入，把信仰佛法当成一种通俗的民间信仰。很多民间的神庙里供了很多神，这些神也能够起到保护、庇佑的作用。我们信仰佛教，不仅仅是因为这一点。佛陀所宣说的佛法，不仅仅为了要解决我们眼前的小问题。如果仅仅是解决眼前这些微不足道的问题，普通的神，甚至世间上的那些善人，都是能够做得到的。我们信佛、学法、修道是有它不共的意义的，要从无限生命来审视信佛、学法、修道。

有些人信仰建立不起来、退失道心的原因，是对佛法的闻思不够，因为不能很深入地对佛法进行听闻和思维，要进行很深入的修行，难度自然就很大。

有些人信仰淡化、退失道心的原因，是实修方法不对路。自己很想去用功修行，但是越修越苦，越修越难以体会到佛法的乐趣、佛法的作用。自己想修行，与怎样好好修行是不同的。自己想修行仅仅是一个发心，内在的自我要求，如何按部就班、有条不紊、有次第、有步骤地认真去修行，又是一回事。

有些人信仰淡化、退失道心的原因在于慢心、懒散的习气不能得到调伏和对治。因为我们的慢心在起作用，内在的对于人事物、对佛法执著的力量非常强；因为慢心的缘故，自然而然将佛法拒之于自己的心外，将自己拒之于佛教的门外。因为懒散的原因，我们不能专注，我们不能专心，我们不能把有限的、宝贵的、片段的时间很好地用在佛法的闻思修上面去。

释迦牟尼佛为什么可以做得到？历代的祖师大德们为什么能够做得到？佛陀看到了老病死这样的生命黑洞，感到无比震撼，为了要寻找出离生死、究竟解脱的菩提大道，毅然决然地放下自己世间的一切功名、利禄、成就，以自己的整个身心、生命来实践佛法。对比我们自己，我们能不能以整个生命、身心的一切，像佛陀一样来实践佛陀的教法？只有这样，我们才能谈得上一步一步向佛陀学习。整个的身心、整个的生命，这是代表一切的。我们学佛法，不仅仅是很简单的一个概念，要真正下决心去学习，否则我们只是美其名曰来学习佛法，这是两个不同的发心。

二 欲乐与法乐

1. 五欲的过患

　　世间的人，大家都有种种的追求，有各种各样的欲望。对五欲的放纵、追逐，能够得到短暂的快乐；对佛法的希求和实践，能够得到永久的、究竟的快乐。

　　世间上的人拥有很多的财富，固然可以带来快乐，但有时候钱也会引发很多灾祸。常常听到一句话说："人为财死，鸟为食亡。"财富也常常会给人带来许多不幸和难以预料的痛苦，它不能跟佛法相比。

美色更是我们学佛修道的障碍。世间上的人，很多的恩恩怨怨、爱恨情仇，都是因为美色引起的。美色不仅仅会给自己，也会给别人带来麻烦，甚至还会引发许多无谓的烦恼和非常深重的痛苦，使人难以自拔。这也就是说，财也好、色也好，它里面包藏的痛苦和不幸，普通不学佛的人是难以看到的。

赵奶奶年轻时有個外號叫萬人迷

名誉也是如此 ——"誉之所至，谤亦随之"。常言道，爬得高，跌得重。那么这种对于世间浮名的一种贪着、追求，也是我们修道中非常大的障碍。

　　五欲里面的第四个欲望——食。现在人们对饮食、对食品很讲究，吃的东西比过去要丰富许多倍，可惜现在人的病比过去也要多很多倍。常言说："病从口入，祸从口出。"人吃了很多自己的肠胃消化不了的东西，吃了很多本来都不是我们人需要吃的东西，就会生病。第五种欲望——睡。睡眠也是一种很深重的欲望，有些人没有事情的时候，就常常想去睡觉，人常说"好吃懒做"。有人以为我们睡眠没什么过失，也不会有什么错。表面看起来，睡眠好像没有什么问题，而实际上对自己来说，损失很大。因为我们不知不觉把这些时间浪费掉，并且养成了一个懒惰的习惯。

　　由此说来，世间普遍所认为的五种欲乐，他们虽然表面能带给人一点点的快乐，而实际上给人带来的痛苦更多、痛苦更大、痛苦更深。种种的勤劳、种种的追求所得到的一点点快乐，里面也包含着危害自己身心健康的因素。

睡得太多
有麻烦

2. 培养善法欲

千百年来，所有的圣贤——世间的圣贤和佛门的圣贤、佛菩萨，都告诉我们：这五种欲乐对自己的身家性命有很大的影响，甚至会有危害，时时刻刻提醒我们要好好地加以疏导。如何让自己走出欲望的沟壑？如何走出欲望的迷途、深坑？就要靠佛法，靠善法欲。

善法欲能给人带来法乐，五欲只能带来欲乐——欲望的快乐，善法欲是善法的快乐。善法的快乐是一种精神层面的快乐，是自己烦恼得到调伏的快乐，是内心得到了智慧、体悟到真理的一种快乐。比如世间的一个正人君子，他的所作所为能够体现道德风尚，能够体现仁爱精神，不仅自己身心得到愉悦，也会给周围的人带来快乐。

又如佛法里面所谈到的正知、正见、正念、正行，同样会给很多人带来法喜，带来快乐。我们在学校读很多圣贤书，明白很多道理，在寺庙里面读了很多佛教的经论，也一样会给自己带来法喜，带来法乐。我们在经堂里边打坐、念经、念佛，内心也能够得到和谐，得到安详，得到喜悦，也会有一种在世俗社会当中各种欲乐难以达到的境界和心境。我们同行善友之间，彼此的虔诚、恭敬、接纳、礼让，互相包容，互相交流，互相劝勉，慈悲喜舍，助人为乐，这种精神、行为、感受，更是难以找到的、难能可贵的无价之宝，也是自己以及同行善友彼此之间，用自己的身心、生命来实践佛法最真实的写照、最真实的反映、最现实的结果。

保佑這件事永遠
不被別人知道

3. 以佛法来检验自身

我们需要认认真真去学习教理，去实践教法。佛法一定是灵验的，一定是能够得到验证的，我们一定是会有收获的。反过来说，如果放纵自己的欲乐，这就是凡夫的行为、一般人的行为。一般人的行为都是在六道轮回当中循环。当然我们也不是要强调与佛法不相应的、没有利益的、自我折磨的那种苦行。真正的苦行也无益于生命的解脱。释迦牟尼佛虽然最初苦行六年，最后还是放弃了，其原因是佛法是中道的。我们一个人如果遇到很多困难、问题和挫折，甚至失败，那时我们还能不能有信心、有勇气来面对自己，来认真学习佛法，这是非常重要的。

人活在世间，不可能不会遇到困难，也不可能不会遇到问题，也不可能不会遇到挫折，甚至遇到失败，所有这些都是有可能的，甚至是常常发生的。俗话说，人生不如意的事情十有八九。不可能许许多多的事情都会满自己的意愿。

不能满自己的意愿又怎么样呢？我们就要来看，我们的所作所为，我们所遇到的事情，能不能符合佛法的标准？能不能符合佛菩萨的心愿？能不能符合祖师大德们的意愿？而不是符合自己的意愿，符合自己的心愿。我们如果能够认识到自己的所作所为是符合佛菩萨、祖师大德们的心愿和意愿的时候，就不会错。佛菩萨、祖师大德引导我们出离生死，走菩提道，究竟离苦得乐。

我们的意愿、我们的心愿仅仅是为了要解决眼前的小恩小惠、小问题，常常是不正确的。这些都是我们在学习佛法过程当中常常会遇到的问题。也正是这些问题会让自己感受到佛法是灵验还是不灵验。因为我们自己的感受有问题，我们自己的感受不能同佛法联系在一起，仅仅是当下的一种苦乐情绪上面的感受，以自己情绪上面的感受 ——舒服不舒服、痛苦快乐来作为自己学佛法是否有进步的标准，再进一步，以此来检验佛法的作用和利益，自然而然我们离佛法也就会越来越远。

刚才我讲的这些，主要目的就是要让我们明白，佛法是要让我们从追逐欲乐转化到追求法乐，我们要培养自己的善法欲，要约束、克制、对治自己对五欲的追求、贪婪、执著——这样的内心状态和问题。贪欲 ——贪瞋痴三毒之一、三毒之首，它的表现就是财、色、名、食、睡。

菩薩保佑
我能出國

求菩薩保佑我
能升科長

佛菩薩保佑
我能戰勝他

菩薩保佑
離婚後房產歸我

拜托佛菩薩
讓我能嫁個好老公

三 以善法欲对治私欲

1. 佛陀的悲愿情怀

释迦牟尼佛未出家的时候，有一天到郊外去游览。烈日炎炎之下，他看到一个农夫驱牛犁田，气喘吁吁，汗流浃背。那头牛走得慢就会遭到鞭打，皮损见肉。农夫自己也非常辛苦。犁田以后，翻出来的泥土中有很多小虫，这些小虫又被飞鸟啄而食之。释迦牟尼佛看到这样的境界 ——牛、人、小虫、小鸟……引发了慈悲心，无比怜悯他们。他就思索如何来解救这些众生的痛苦，寻求解脱这些痛苦的道路。

2. 我们的痴相

众生彼此之间互相残杀，恩恩怨怨，进行种种的劳苦经营。社会上有一句话"经营人生"，我们一辈子都在经营自己、经营自己的事业。我们面对和自己相关的人和事，各种各样的动物、各种各样的族群，以及所做的各种各样的事情，似乎司空见惯、习以为常，不会觉得其他的众生、其他的人有多么的可怜，有多么的痛苦。从这方面就能够看得出，我们的同情心、慈悲心是不能跟佛陀相比的，百千万分不及一。

佛陀在还是太子的时候，就能够有这样一种心情，他看到一回就能够发起这样的心，并且一直去思索这样的问题。我们看到这样的境界可以说是不计其数的。为什么如此惨烈的境界，还不能让我们感悟，让我们觉悟，让我们认清自己生命的本质以及世间痛苦无常的本质？这说明我们内心思维的习惯，还是烦恼在推动、业力在推动，同佛法的距离依然是那么遥远。佛法在自己心里的位置，还是那么渺小，似有似无。我们追求财、色、名、食、睡——五欲，追求的目标非常清楚明确甚至非常笃定，而对佛法的信仰、行持，总是那

么摇摇摆摆、疑信参半。我们对自己的财富、名誉、权力，对这些判断一个人在世俗社会成功与否的标志和标准，总是非常在意，非常渴求，根深蒂固。

当然，财富、名誉、权力本身并没有对与错。可对我们学佛的人来讲，它不是我们追逐的目标，不是我们生命的方向，不是我们今生今世成功与否的标志。它是世间人成功与否的标志，而不是佛教徒成功与否的标志。当然，这些名誉、财富、地位、权力，对于自己养家糊口、承担社会责任是有一定意义的，甚至是不可或缺的。但这些仅仅是自己对家庭以及对社会所应该肩负的责任而已。对社会所肩负的责任，对家庭所肩负的责任，固然同佛法有一定的联系，但是它本身不是佛法。为什么这么说？因为不学佛的人也要对家庭和社会尽责任、尽义务。反过来说，我们应该要用佛法在家庭、社会中尽我们的责任和义务，要用佛法来指导我们的生活和行为。

3. 五欲的性相

　　财富、名誉、地位、权力等，在获得的同时也具有排他性、竞争性、不稳定性、不连续性和不确定性。比如说，你有十块钱，用这十块钱去买了一支牙膏。你买了牙膏，就意味着不能再去买别的东西了，这就是排他性。你在去买牙膏时，很多的小摊小贩希望你到他那里去买牙膏，这样的话，也就具有竞争性。你买了牙膏，回到家里，可能会发现家里没有盐巴、酱油，可能会想到：应该把这十块钱拿去买盐巴、酱油。这样就说明，金钱的不稳定性。更何况我们并不是一直都能够赚到钱，所以，它也存在着不连续性。我们如果不小心的时候，会把这十块钱弄丢，因此，它还存在着不确定性。

　　我们如何来认识五欲的境界？长期以来，我们对这些东西的认识，总是觉得是好的、快乐的、圆满的，没有认识到其包含和具有的问题。刚才谈到，从这些东西的竞争性到他们的不确定性都是一步之遥，随时都有可能发生。如果是佛法，如果是智慧，如果是一个人的慈悲心，这些作用和力量永远不会消失，永远会给自己带来利益和快乐，永远不会损害到别人的身心。它不存在排他性、竞争性、不稳定性、不连续性和不确定性。排他性、竞争性、不稳定性、不连续性、不确定性，都是世间烦恼的标志，都是无常的特征，都是痛苦的根源，都是要不得的，都是我们需要对治的地方。

我们想拥有财富、名誉、地位、权力而苦苦追求，这种贪欲的心理火焰，是非常猛烈的。我们本来就有贪欲的烦恼，自己的内心又向这样一个强烈的境界去追逐，无疑是火上浇油。因为你在火上浇油，这个火就越烧越旺，自己的痛苦也就越来越多，越来越强烈。柏拉图曾经说过这样一句话："贫穷不仅是个人财富的减少，更是个人贪念的增加。"这句话很有道理。不少人为了要过上好日子，往往是用拼命赚钱的办法、用拼命工作的方法来追赶自己快速增长的主观欲望需要，而不是自己实际生活上的需要。自己去工作赚钱，自己在世间的所作所为，都是为了要满足自己在名誉、权力、地位、财富上的欲望，而不是自己实际生活上的需要。这些都是障碍我们学佛法很重要的原因。

柏拉圖說：貧窮不僅是個人財富的減少，更是個人貪念的增加

4. 转化私欲

有些人非常聪明、非常有能力，但是把自己的能力、聪明、资质都用在规划自己的私欲上，也就是以自己的私欲作为一生的主要规划目标。反过来说，自己一生的所作所为就是为了要满足个人的欲望，就像刚才所谈到的，为了取得自己在世俗社会的那些成就，而不是在佛法上的那些成就。这是非常不应该的，也是非常要不得的，更是我们的大障碍。

当然我们并不是要强调，每一个人一定要勉强去抑制自己的欲望，或者说假装自己没有欲望，这都起不到很好的作用，也收不到很好的效果。我们只有逐步培养对善法的欲望，就是我们常常所提到的善法欲，才能够对治个人的私欲，以及个人为了满足私欲在社会上所做的种种事情而产生的烦恼。

　　长期以来，我们都是忙着自己的一个小我。因此，自己的生命就会变得非常局限，非常琐碎，甚至非常无聊。如果把我们自己生命的方向转到佛法上去，转到对善法的希求上去，转到对佛法的欲求上去，我们的希求心就会越来越广大，我们的虔诚、恭敬、包容、慈悲等就会不断增长。这样的人生，是非常美好的、善良的、有意义的，也是佛法告诉我们要这样做的。

幾十年的
老煙槍
不好改

5. 增强善法的力量

"欲"的概念:"于所乐境,希望为性,勤依为业。""所乐境"就是那些自己比较好乐的境界,自己比较喜欢的境界,自己觉得这些境界能够给自己带来利益、带来快乐的境界。它以"希望为性",就是希望得到它、希望拥有它、希望不要失去它。

而实际上,外在势力的作用是非常强大的。我们内心对外在的境界是没有办法选择、没办法去决定的,内心的力量非常微弱。也就是说我们只有不断增强善法的力量,才有这种可能和力量来面对外在那些杂染的境界,才能够对它认识清楚。

如果内在佛法的力量增长不起来,肯定会随着自己的习气走,随着自己的好乐走。自己好乐的东西就去追逐,自己不好乐的东西就不管不理。我们所好乐的是欲望,是问题。自然而然,我们所获得的也就是问题,就是烦恼,也就是自己生命不需要的东西。这种对个人私欲的满足是根本烦恼之一。

对善法的希求就不同了，"勤依为业"，它是引发自己精进的主要根据和动力。自己对善法有希求，对佛法有希求，才会努力去做，才会精进。如果我们对佛法、对善法没有希求心，不想得到它，不想拥有它，精进自然无从谈起。不要说精进，我们要坚持都是很难的。我们内心里面能够发起用功修行的心，都是很不容易的。

酒後無德

説不完的話

只有在自己内心非常清楚，心态非常平稳，情绪非常稳定的时候，我们才能够认识到自己需要佛法。而自己在烦恼的时候，在工作、生活的时候，在与人相处的时候，我们的身语意三业完全都是世间法，完全都是世间的习惯，都是在习惯当中打转，都是跟着自己的习惯走，跟着习惯在学习、工作、做事。"习惯"，用佛教的语言来讲就是"习气"；"习气"用社会的语言来讲就是"习惯"。我们要养成好习惯，不能养成不好的习惯。我们要养成好习气，比如说喜欢念经、打坐、看经、做好事以及说好话……诸如此类，就是很好的

善法等流、习惯，很好的习气。如果不是这些，那么就是世间的习惯和习气。

一个人用功不用功、修行不修行，固然是内在的境界和功夫，但是从外在也是能够看得到的，就是自己的等流习惯是什么，也是常常会表现出来的。如果我们对听经闻法不好乐、对用功不好乐、对集资粮不好乐，这肯定跟佛法不相应。如果天天喜欢谈天说地、谈论是非，喜欢攀缘，喜欢讲无意义的话，这肯定是跟世间法相应的。世间法同佛法的分水岭、区别就在这里。这是从我们自己心上去判断的，而不是从外在去判断的。

四　觉照无常智慧生

1．认识无常

　　声闻乘的人，在修行佛法的时候，常常强调无常。密勒日巴尊者曾经说过，进入佛法之门的第一步就是学习无常。佛陀由四门看到老、病、死和出家沙门这四种人，从那个时候起，他就真正了解到了无常。

寿衣店

顾客您好

欢迎光临

在佛道的修学上，我们能不能起步、起好步、踏上步，关键就是对无常的观照和认识。我们能够认识到无常的特点、无常的作用以及它的规律，才不会执著，不会迷失于自己的欲望。唯有真正地了解到无常 ——世间的本质和规律，我们才会下工夫去克服，去对治自己内在对欲望的追逐心理，才不会把自己的私欲放在心里。反过来，我们应该把自己的心安在佛法上，让佛法的种子不断在自己内心深处扎根、发芽，起到种子的作用。我们如果能够认识到无常，让无常这个法能够在自己的心里现起、产生作用，就容易对治自己的昏沉、散乱、失念、不正知。

无常，不是说它是一种我们没有办法的、逃脱不掉的规律，而是可以让我们来改变、来主导这种规律。因为是无常的，所以它存在不确定性和不稳定性。不确定性、不稳定性的人生，我们该如何着眼，该如何下手？这是我们要去思考和解决的问题。

我们把整个人生看得还有很多很多的时间，觉得自己的路还很长很长，所以不着急去用功，不着急修行，不着急学习佛法，我们就容易把时间浪费掉，就容易散乱，容易起烦恼，内心里面就容易产生种种的问题。如果我们内心能够现起无常，内心就不会很在意外在的种种成就、外在的种种虚假的现状。因为我们能够有无常的心理，就会念兹在兹，佛法永远在心头，大到宇宙，小到个人的生命、个人每一个心念，都是无常。

2. 让佛法与生命交融

我们培养善法欲能够对治自己的私欲，我们体会无常能够对治自己的贪欲。一个人如果不会在善法欲和无常上面下工夫、去着力的话，那么他就会有很多的、很强的贪欲，欲望很多、很广泛，比如说喜欢好的衣服、好的手表、好的汽车、好的房子、好的待遇等。我们一生可能就会在这方面去追求，我们天天内心里面想的都是这些东西，自然而然我们的散乱心就会很严重。

只要我们在家里好好孝顺父母，好好与兄弟姐妹相处，在单位里边好好工作，尽职尽责、敬业，自然而然我们会有

成就的，自然而然我们会得到单位、家庭、社会的承认和肯定。我们没有必要把心思转化到追逐欲望、满足欲望这样一条错误的路上。更何况，我们追逐欲望，常常也会感到疲劳、疲乏，因为我们追逐的欲望并不一定能够得到满足。不满足，内心里面就会有失落感，内心里面就会有矛盾、有痛苦、身心疲乏等。身心疲乏就会引起昏沉、深重的睡眠。

如果我们有无常的心，对无常这个法类能够有很深的体会，知道自己很快就会死了，自然而然就会思考：我死了以后要带走什么？我死了以后

能够带走什么东西？这是以死念，根治自己内心愚痴的表现、没有佛法的表现、没有无常心的表现。如果内心有无常，自然而然就会现起智慧，保持觉醒，不会被个人的烦恼欲望所迷惑，内心清明，就与佛法相应。刚才谈了，这么多欲望对个人修学佛法的影响、危害，善法欲、无常对自己修习佛法的作用和帮助，以及它能够对治自己的贪欲。我们作为人，具足暇满，又能够听到佛法，就应该好好利用自己的人身，修行用功，让自己的后世越来越好，一生比一生好，最后圆满佛果。自己的心思如果不是

用在修学佛法这条路上，而是用在
造作世间种种恶业上，虽然拥有了
人身，也听到了佛法，依然会堕落，
甚至下地狱、变畜生都是有可能的。

　　所以，我们遇到了佛法，不等
于万无一失。我们只有真正认识到
佛法是"百千万劫难遭遇"，是自己
生命当中最需要的部分，是自己生
活的核心内容，是我们今生今世最
不可偏离的，我们才会老老实实用
自己的整个身心，用自己生命的一
切去信仰、去实践。自然而然，佛
法就能够同自己的身心、生命交融。
自己的所作所为就会代表佛法，就
会体现佛法的精神。

　　以此勉励大家！

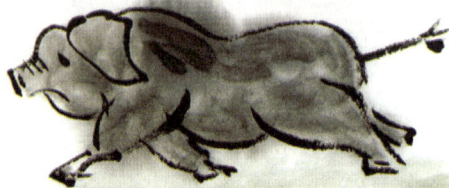

自己的心思如果
不是用在修學
佛法這條路上
而是在造世
間種種惡
業上雖然
擁有了人身
也聽到了佛法
依然會墮落
甚至下地獄
變畜生都是
有可能的

10月21日，学诚大和尚为弟子作了开示——《建立终极信仰的意义》。大和尚教诫：信仰佛法，首要的就是对我们所信仰的究竟目标、宗旨的一种信仰，是对最终目的的一种信仰。

第五讲

建立终极信仰
的意义

一 终极信仰与经验传承

1. 建立终极信仰

我们来到寺庙里面，就是来信仰佛法、学习佛法的。信仰佛法，是一件很有意义的事情。它不是一种形式，更不是一种外在的表面功夫，做做样子、装装门面，或者说大家聚在一起，念念经、做做礼拜、研讨研讨、交流交流或者出去劳动等就够了。这些都是外在的形式，而不是信仰的内涵，不是信仰的本质。我们对佛法的信仰是完整、系统、究竟、彻底的一种信仰，不是一般意义上所谓的信仰。

一般意义所谈到的信仰，一天烧一炷香、念几句佛号、念一卷经等，这些好像就够了。信仰佛法，首要的就是对我们所信仰的究竟目标、宗旨的一种信仰，用现在社会上的语言来讲，就是对终极的信仰，对最终目的的一种信仰。这种终极的信仰是在经验的基础上来获得的，也就是必须要有经验来作指导、作引导。

终极信仰不纯粹是理性的，也不完全是理性的。因为理性只是对有形有相、有局限的世俗社会的理解、诠释而已。对佛法究竟目标的信仰，是建立在经验基础之上的。经验是什么意思呢？就是过去的人曾经通过佛法修行，证悟成佛，这种经验累积下来，传递下来，流传下来。也就是说，这些经典以及各种各样的注解，都是在告诉我们，如何对我们所信仰的对象——终极目标能够生起信心、巩固信心，让自己的信心不会减弱、不会减退。这一点非常关键，非常重要。

佛陀已经到达了成佛的境界，也就是他实现了终极目标。他具足三十二相，八十种随形好，十八种功德，无量无边的智慧、神通、辩才……我们信佛是脱口而出，还是经过认真思索和深入思考后再信佛、学佛、皈依的？或者自己就是去凑凑热闹，仅此而已，这也是名为佛教徒、名为三宝弟子。自己内心对所信仰的佛法内涵目标不明确、迷茫、不清楚，这样下去的话就不容易产生动力。因为我们最后的目标不清楚，最大的心愿不明白，我们就谈不上信仰佛法、学习佛法。

我有五个师父你是指哪一个

我师父比你师父厉害

2. 师师相承

因为学佛是要成佛，我们要相信通过自己努力修行能够成佛。我们现在还有很多的问题、烦恼、业障……应该怎么办呢？这就要我们认真学习，大家一起学习，这非常重要。

为什么这么讲呢？佛法是佛陀告诉我们的，是通过一代又一代的祖师大德传下来的。法的内涵是通过祖师来传承的，通过大家的努力，才能够把它保存下来，写进书本、经本。我们有很多的藏经、法宝、CD、VCD 在流通，这些都是如何传承的？都是过去祖师大德们的努力付出留下来的，如西行取经等。当然过去印度也有很多的大德来到中国弘法、译经。如果没有那些僧宝——高僧大德的努力弘扬，这些法宝——佛法就流传不到现在。

更重要的是，一代又一代、一辈又一辈的出家法师，根据佛法来实践、修炼、修心。我们出家的法师跟前辈学，前辈再跟前辈学……因此，修道的经验得以传递、积累。也就是说，我们一方面能够在经典、著述、理论上学习这些文字记载的经验，另一方面也要学习实际经验。实际经验来自于我们当下能够遇到的法师和同行善友，这些法师和同行善友在信佛、学佛、修道过程中的经验。这些经验是他们在自己修行过程中累积的，是这个

时期经验的累积，更具有指导性——指导、帮助我们解决现在的问题。每一个时代问题表现的方式不一样，但是问题的根源是一样的。

不，我是博士

頣，我覺得此時我們倆没什麽區別

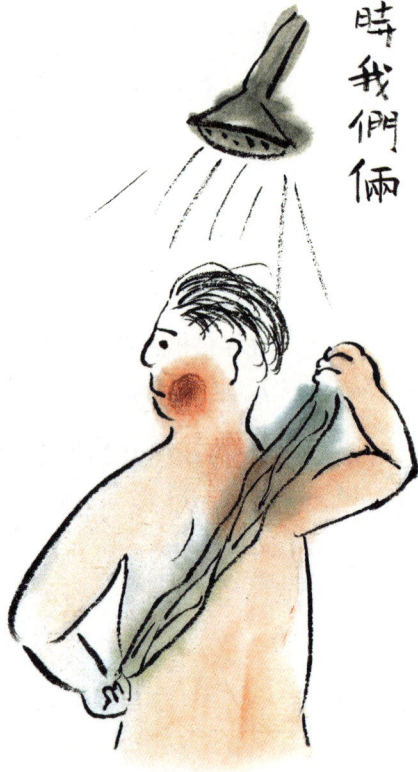

二 自他一体惜因缘

1. 了解别人就是了解自己

我们常常讲，了解一个人是非常困难的事情，是一件非常复杂的事情。我们常对人、对事看不清楚，看不明白，看不穿，看不透。为什么会这样呢？其实很简单——每个人的身体构成都是一样的，都长眼睛、耳朵、鼻子、手脚、五脏六腑，整个的身体形状、结构都是一样的；每个人在社会上所念的书也是一样的，小学、中学、大学……甚至每个人说的话也都是一样的。那么不一样的地方在哪里呢？就是每个人内心的起心动念不一样，每个人的行为造作不一样。我们为什么要去了解这些呢？了解这些有什么用处呢？了解别人就是了解自己，帮助别人就是帮助自己；对别人不了解，对别人不理解，就是对自己不了解，对自己不理解。

反过来说，别人有的问题我们也会有。如果我们对别人的问题能够看得比较清楚，就说明我们过去也曾经遇到过这样一些问题。但是，我们现在有办法来解决这些问题，我们能够知道这些问题是什么原因造成的，知道如何来排除这些原因，这时，我们内心的功夫就比较深了。而不是说，我们要对具体的每个人所有的生命现象，去寻找它的原因，去了解它的过程，这是没有必要的。

所有人的问题都可以归咎到心，归到人心与佛法相应不相应这一点上。也就是，我们对外在的人事物的认识，需要根据佛法的原理去认识、去看待、去检验，依法来判断衡量。

我们在认识外在的时候，自己内心的状态是不是非常平静、祥和、没有起伏，是不是非常自在？内心所出现的是否是一个非常明了、清明、圆满的状态？只有这样，我们对外在的事情和问题才能够了解、

分辨清楚。否则的话，我们自己内心有起伏，在动荡，是无明状态，那么外在所有好的境界来到我们的面前都会变得模糊不清，都会变成无明状态、动荡状态。犹如一面蒙了很多灰尘的镜子，外在再好的境界、再好的鲜花、再好的衣服、再好的水果等，镜子里所反映出来的都是模糊的状态，都是不好的表相。

2. 依师要从依友起

佛法告诉我们如何来认识自己的心，如何来认识自己心上的问题。也就是我们要解决别人的问题，要从自己内心着手；我们要解决自己的问题，也要从自己内心着手。因为人跟人都是一样的，众生平等。所谓"众生平等"，就是你的问题也就是我的问题，我现在解决这个问题，有经验、有方法、有这方面的能力，能够帮助自己解决问题，也有能力去帮助第二个人、第三个人来解决这样的问题。

反过来说，我们自己的经验、能力、方法不够，修行还有欠缺，不知道如何下手的时候，我们愿意不愿意得到别人的帮助，相信别人修行过程中积累的经验？我们能不能相信同行善友告诉我们的这些佛法对自己的身心是有用的、有利的？这些方面，我们都要好好去考虑、好好去思维。在现实世界里肯定有好多人修行比我们要好，无论是出家的法师，还是在家的同修，肯定是有的。

我们能不能遇到呢？我们周边的人有没有比我们好、比我们精进、比我们努力的？会有的。这些比我们精进、努力，成就比较高、比较有经验的人，他的经验恰恰可以来帮助我们。比如一个小学生在读书的时候，一道数学题解不出来，他的同学就可以帮助他 ——如果他的同学成绩比较好，知道如何来解答这道数学题，就可以帮助他。

同行之间的问题恰恰是比较相似的、比较雷同的，最能够互相受益。但是我们常常会忽略这一点，我们常常会觉得我们在修行的过程当中，需要找一个非常高量的人来指导自己。犹如自己是小学程度，要找一个大学教授来指导一样。我们自己实际是不够那种条件的，即使我们够条件的话，你也可能听不懂这个课，老师的实际指导作用也发挥不出来。

3. 值遇善知识

我们有什么样的问题，就感得什么样的善知识来帮助我们解决问题。我们本身问题很大、很粗重，他只能针对这个问题讲一些比较简单、有用的东西。反过来，如果我们修行的功夫不断在长进，内心的状态不断在改变，内心越来越细微，越来越清明，越来越细腻，越来越敏感，智慧、慈悲就越来越强，资粮越来越具足，我们自然而然就能感到更好的、更高的善知识对我们的指导。这是肯定的。

佛法都是讲因缘、讲因果的。近代净土宗高僧印光大师讲："世出世间之事，不出'因'、'果'二字。"世间因果、出世间因果，都是因果。佛法整个都是谈因果，有因必有果，有因才能同外缘结合。如果没有因，光有缘，产生不了果；有因，缘也具足，就会感果。我们学佛法的人对法有希求，就能够感得外在的善知识、同行善友的缘。

换一个角度来讲，其他的同行善友、更具量的善知识，在弘法的过程当中也能不断地来凝聚相应的人，这就是人跟法相应。这是对自己在学修过程中更加具体、更加切身的一种引导和指导，而不是说在理论上很高深的一种研究和探讨。理论上高深的研究和探讨是另外一个范畴、领域，这个范畴、领域仅仅是对教理的了解而已，不是真正培养人的信仰，不是真正指导人的行持，不是真正的经验传递。

4．依师依友　种因惜缘

经验方面的传递，必须要有实际的经验，必须要有实际的境界，也就是要有真正的过来人才可以。因为过来人才知道这个路往哪里走，会通到什么地方；过来人才能清楚地知道，什么因感什么果、什么因感果还需要什么缘，等等。

比如说，一个人掉到水里，紧紧抓住一根稻草是不会有救的；我们掉到河里抱着石头，一样也是不能得救的。因为石头也好，草也好，依然还在水里。我们如何才能够上岸呢，如何才能够真正得救呢？要靠船，我们要爬上船才有办法得救。我们需要别人对我们的拯救，我们不会游泳，会溺水，其他人会游泳就能够把我们救到岸边去。

这个比喻怎么讲呢？就是我们去寻找、去解决问题的时候，如果没有具体的人对我们帮助和引导的话，我们似乎已经找到了佛法，拥有了佛法，但是在发生问题的时候，这些佛法就不起作用了。例如烦恼的时候，佛法就不起作用了。如果我们是同行善友，大家一起修学用功的时候，那么你同大家的因缘比较好，有问题的时候，就能够得到帮助，大家都能够劝勉你、指导你，你就不会被水淹死了，不会出大错。由此可见，同行善友、善知识对我们修行佛法的重要性。

三 佛法是心地法门

1. 莫向外求

　　修行佛法如果比较上路的话，内在里边的那种宁静、安详、自在、和谐、快乐，常常都会拥有的。一个人散发出来的这样一些氛围和气息，又能够影响和感染到第二个人、周边的人，以及同他相关的人。这样的话，很多人会受到熏陶，会得到佛法的利益和快乐。慢慢地，我们自己的内心也就越来越宁静，越来越祥和，越来越健康，越来越积极向上。

佛法不是向外求，向外
求都是不对的，向外攀缘也
都是不对的。如果我们总认
为这个问题是别人的，是不
对的；如果我们内心有情绪，
也是不对的；内心有情结，
那更是不对的。

强盗

官兵

我们内心对人、事有一种非常固定的看法，就是一种执著。你有了这个看法以后怎么办？你怎么来化解自己内在的这种看法？外在的境界是在不断变化的，这个人今天这样，不等于明天还是这样。我们对一个人的看法，有可能把他看得很好，非常地完满，也可能把他看得很差，非常地糟糕。他今天好，今天这件事做得好，仅仅代表这一件事，那么还有很多的事你不了解，也可能好，也可能不好；反过来说，另外一个不好的人，也可能你看到了他不好的一件事情，但是他有好多好的事情你没有看到，把它忽略掉了。这样的话我们很容易对于某一个人，因为某一件事情就把他判断为他是好人，或者说他是坏人，这本身是不对的。

好像跟發心有關係

為什麼我學了十年都悟不過來，你才一年就明白了，站好，跟大人說話要有禮貌。

2. 与法相应业清净

　　所有的人都是众生，好坏、善恶都是业的呈现。你造了善业，果报就好；他造了恶业，果报就不好。所有外在的行为结果都是业感缘起的。人为什么会造善业、恶业？就是内心跟佛法相应不相应。内心跟佛法相应，他所有的业都是清净的，结果就清净；如果人与无明、烦恼相应，他造作的业就是染污的，结果也就是染污的。

杀蟲能手

当对方处在染污状态，业不清净的时候，正是需要我们去解决的时候、去帮助的时候、去引导的时候、去着力的时候、去用法的时候。我们修学佛法，不仅仅说我们一定要有很多很好的境界。如果遇到一些不好的境界，我们就疑惑这个佛法是不是不灵验，我们学了这么久，怎么还会看到、遇到这些看不惯、看不顺的事情呢？所有的这些都是我们内心的问题。

我们修行，要往上走一个层次是非常不容易的。在学校上学，一年级到二年级，你要经过一年的努力，才能够升一级。在佛法里边，你要升一级，更加不容易，它是内心里实际的功夫。你学了一年，不等于你就升了一级，不是那么一回事。如果没有真正去发心、去用功、去努力，有可能你会留级，也有可能你学十年，还是一年级。

四　世间善法与出世间法

1. 善与恶的标准

　　世间所有的事情，根据佛法的标准来判断，在本质上都不是真正意义上的善。为什么这么讲？因为佛法所谈到的善，"善恶"的这个"善"，就是要让我们对终极目标建立信心。世间有很多的善，它其实只是一种外在的、有局限性的、局部的善，并且受很多条件因素影响。也就是说这种行为或者行为的结果，它是由环境、条件来决定的。一旦这些环境、条件离开了、缺乏了，就不是一件好的事情、善的行为。世间的善都是相对的，都是不究竟的。一些事情、结果，对某些人来讲可能是善的，但是对另外一部分人来讲，有可能就是恶的。

進補？

佛法对善恶的概念，就不是这样界定的。佛法中的善恶是跟自己的苦乐联系在一起、跟自己内心自在不自在联系在一起、跟内心安乐不安乐联系在一起的。

大家在社会上做了很多好事，但常常听到不少人说"好人没有好报"。为什么好人没有好报？如果根据佛法来讲，好人肯定有好报；根据世间法来讲，好人就不一定有好报。为什么？因为世间的善是有漏善。所谓"有漏善"，就是对某一部分人有好处，对另一部分人不一定有好处，所以就是"好人不一定有好报"。但如果根据佛法来讲，好人一定有好报，因为佛法是从你自己的起心动念来下手。

世间法是根据你行为的结果来判断。以行为的结果来判断，它不一定公平、公正，有时候是公平的，有时候就不公平。当不公平、不公正的时候，你就会觉得，单位或社会对自己不公，这是常常会发生的。因为世俗社会的公平、公正是相对的，而不是绝对的。更何况，我们去帮助别人，我们做好人、做好事，本身就不能求回报，不能带有条件。如果我们做一件好事，还要附带条件、要求回报，那算什么好事？因为我们的动机不纯正，附加很多条件，并且都是在世间有漏善、有局限的善里边打转、打滚，虽然自己做了很多好事，往往自己对结果仍不满意。

累朝帝主歷代侯王九重殿闕高居萬里山河獨據

西來戰艦千年王

氣未收北去鑾輿

五國寃

聲未斷

鳴呼杜鵑

叫落桃花

月血染枝

頭恨正長

如是前王

後伯之

流

賢二

2. 世出世间难两全

佛法就不完全如此。佛法告诉我们，所有的一切都是从内心开始，去追求人生究竟的目标、圆满的善法。当一个人能够体验到世间的种种成就、名誉、地位、财富、魅力，所有的这一切不是作为自己生存的目标，不足以引起自己兴趣的时候，我们真正对佛法的信心，才能够培养起来。如果我们一方面对世间人所认为的种种成就非常地有兴趣、非常地执著，另一方面说我们对佛法很有信心，说我们要把佛法同世间的成就结合起来，这是不可能的事情。也就是我们既要把世间的成就作为追逐的目标，又要把佛法的成就作为追求的目标，要把佛法和世间法结合起来，你想在世间有成就，在佛法上也有成就，这怎么可能？如果有可能的话，那释迦牟尼佛为什么要出家？他一边当国王，一边成佛，那不更好？事实上是不可能的事情。

你要成佛，就不能当国王，你当国王，佛法上就很难有成就。当国王要去理政、管理国家。管理国家、管理社会、管理企业有一整套的管理办法，但成佛是从内心解决问题，与世间法做事不一样。在世间，你要去理事，要去做事，要去处理问题，是根据外在的一些实际状况去处理，不能从内心来解决。也就是说，你要把内心的境界跟外在的境界圆满统一起来，是非常不容易的。尤其当你在世俗社会有一官半职时，你就要根据职务来处理事情，而不是根据你本人的内心来处理事情。那么这个职务本身又会受到很多职务的影响、左右，很多情况下都是无能为力的，不是你想怎么办就能怎么办的。为什么我们学佛法必须要放下？很重要的一个原因就在这里。

如果我们学了佛法以后，内心有佛法，对我们的学习、工作、生活就会有帮助，也能够起到指导作用，但是这种指导是有限的——绝对是有限的，你不可能做到圆满。你看古来祖师大德们，要真正在佛法上用功，都必须要全身心地、全过程地、完整地投入，才有办法。我们如果对世间的种种成就没有真正的兴趣，或者说兴趣越来越淡，不把它作为自己追求的目标，我们才能够走向更深的生命层次。我们生命层次的深处有一个更高的渴求，也就是需要一种精神上的价值和意义。一个人没有钱的时候，他可能想拥有钱、拥有财富。当他成为了大企业家、亿万富翁后，财富对他来讲就不是很重要，他需要的是一种精神上的价值和意义，他去做的善事更能够体现出一种精神。

如果一个人要等到自己有足够的财富、有很高的地位时，才去追求精神上的价值和意义，显然是来不及了。

　　世间只有很少的一部分人在一生当中会有那么多的物质累积，更何况他今生今世当了大企业家、当了大老板，不是因为今生的福报，而是前生的福报累积而来的。因为他过去造了善的业，所以今生今世才有这么大的福。同样大家都是人，都是在一个社会当中出生长大，为什么有些人当国王，有些人当乞丐，有些人是亿万富翁，有些人身无分文？这都跟人的福报、跟人的业有关系，而不是说我们这一辈子去努力就能够得到的。我们这辈子的努力仅仅是一个缘而已，一个次要的条件而已，而不是主要的条件。

3. 心境相应

我们要把主要的精力、时间用于种正因，种成佛之因上，要在这方面去思索、去努力、去造作。我们对自己周围这些人的所作所为的价值认知，非常重要。当我们认识到，自己周围的这些人行为是如此相同、如此美妙、如此清净庄严的时候，我们对佛法的体会也就比较深。因为你内心是一个什么境界，你就会跟什么境界去相应。内心是清净的，对清净的境界我们就非常容易相应；我们内心如果是不清净的，我们就容易与不清净的境界去相应，就不容易与清净的境界相应。

当我们不容易同三宝、同佛法、同同行善友相应的时候，就说明我们内心还有烦恼，内心还有污浊的地方。我们相应不相应，自己会非常清楚。相应就是佛法，不相应就是世间法。所以我们常常强调，自己的所作所为要跟佛法相应，每做一件事情都要强调我们自己的发心，要把动机安立在菩提心上。为什么这么强调呢？就怕偏离，偏离到做事上，忽视了对内心的把握。

離欲尊

豐賢
二畫

将军战马今何在

野草闲花满地愁

五　成佛的阶梯

1. 做事情的目的

在寺庙里，办法会也好，大家交流也好，做事情也好，常常说做事情的目的不是为了要做事情，而是要集资粮。做事情的目的也是在实践法，是法在自己身心上落实的体现，其过程是在凝聚共业。在世间做事情，它的目的是为了要成就。成就什么呢？就是我刚才所谈到的名誉、财富、地位、事业上的成功以及自己在家庭、社会上所肩负的种种责任，这是世俗社会人做事情的目的。这些目的不是究竟的，仅仅是世间的目的，顶多只是让我们自己能够有更好一点的工具、条件而已。

世俗社会的所谓种种成就，仅仅是一个诱饵而已。这个诱饵如果你不很好地对待，就会被钩住，就会毁了自己，也会非常地可怕。一个人在世间生活、工作、存在，每个人都想要长期存在下去，甚至要无限存在下去——"生命无限"。没有人说自己不想存在，自己不想活了——"好死不如赖活着"，活着总比死了要好。如果一个人不想活了，那证明他实在是太苦太苦了，没办法，

苦不堪言。没有人愿意无缘无故接受并采取自我灭亡这样一种选择和道路，除非自己已经走到灭亡的尽头，走上一种自我毁灭的道路，最后已经是无药可治了。不会有人故意选择这种路，选择走向自我毁灭。不会! 没有人会这么做的。为什么世间上有些人最后会走向自我毁灭? 更多的情况下他是不知不觉走上了这样一条路。原因就是他不能很好地、很正确地来对待自己、对待他人、

对待社会，不知道自己所作所为的意义，完全不知道。因为他不知道自己的这种行为在社会上会产生什么作用，会引发什么后果。或者说，他知道了，也不会害怕。知道了不害怕，就等于说他不知道。

佛法的因果定律告诉我们，什么因会导致什么果，善因就会有快乐的果报，恶因绝对会有痛苦的果报，是跑不掉的——世间、出世间都是因果决定的。

2. 践行道次第

我们要选择一条自我成就的道路、自我解脱的道路、究竟成佛的道路。这种道路、方法选择好了，我们肯定会成就，我们所作所为的意义就是不共世间的。学习道次第，就是这样一种选择。而不是说，我照这个经文、照这个论本来念一段，大家讨论一通，就等于道次第学好了。你合起经本，依然不知道怎么办，依然不知道做的这个事情有什么意义，内心里没有定解；出了庙门，自己也不知道要去哪里；回到家里，自己也不知道要干什么。这样的话，叫做什么道次第呢，叫做什么佛法呢？

道次第在我们内心真正有作用的话，我们绝对是非常清楚明了的，自己的一步一步怎么走，自己的所作所为，一点一滴都是非常清楚、笃定的。我们当下——此时此刻都不知道要干什么，那我们的明天、我们的明年、我们的未来，更不知道会怎么样。我们此时此刻——当下把握不住，我们要等到明天、等到以后去修行，这又怎么可能呢？我们此时此刻的问题都不能解决，此时此刻的境界都认识不清，要等待未来，会有希望吗？希望绝对是非常地渺茫。

我们学了佛法，学了道次第，就要认清楚世间上生死轮回的因、缘、果报、过程以及循环的规律。我们要出离，就要出离这种轮回的规律，走上解脱的规律，走上成佛的规律。

我们要走向成佛之道，在道次第上用功，我们自己的心、语言、身体的造作——身语意三业就必须要符合佛法的规律、规范，符合道次第的要求。这样才有办法把我们整个身心、所有的行为都扭转过来。不然的话，力量太弱了。我们要选择一条自我完善、自我提升、究竟成佛的路子，而不能去选择一条自甘堕落、自我毁灭、堕入三恶道的路子。

万丈高楼平地起
贤不二 画

六 发长远心

无限生命的意思是说，生命的存在是无限的，我们的生命能够无限存在。生命能够无限存在的意义在哪里？存在到底好不好？如果你是痛苦的，无限存在，你就有无限的痛苦；如果你是快乐的，那么你无限存在，也就是无限快乐，就非常好。我们要解决无限生命中，无限的痛苦和无限的快乐的问题。我们需要靠无限的发心，才能够去解决无限的痛苦。也就是说，我们的发心也必须是无限的，就是从最初的发心要一直往下发。因为我们只有不断去发心，不断去修行，一直到成佛，自己的福德、智慧、

慈悲的资粮才能够不断得到累积，才能够从有限变成无限。不然的话，虽然我们的无限生命在相续、在等流，但是我们的发心、我们的所作所为是非常小、微不足道的。

虽然我们在无限生命当中能够种因，然而，我们在种正因的时候也种了很多相似因，种了很多恶因。反过来说，我们得不偿失。既然得不偿失，在无限生命当中，我们的痛苦只能减少一点，不能从根本上解决，只能解决无限生命过程当中的某一个段落里的某一部分痛苦，而不能彻底把它去掉。彻底去掉无限生命当中的这些

痛苦，只有成佛的正因才有办法，如果不是成佛的正因，你要来去除，是不可能的。

我们一生的时间是很有限的，几十年，就是我们天天努力，我们也种不了多少正因。更何况，我们常常把握不住自己的内心，在更多的情况下，都是一种情绪。情绪好的时候，就容易发心；情绪不好的时候，就不想发心；情绪好的时候，就好好学；情绪不好的时候，就不想学。更多情况下，都是自己与他人之间的情绪在起作用，真正谈到菩萨发心，还非常非常地远。到菩萨的发心时，会非常清楚人与人的关系、人与事的关系以及人与物的关系是息息相关的，是自他不二的。什么叫做"无缘大慈，同体大悲"，就是这样一个道理。

世间有种种的苦难，人有种种的问题，才需要我们去发心。如果大家都没有问题，大家都是佛，都是菩萨，这个世间都是清净圆满的，那不用我们发心，大家都已经非常好了。就是因为有问题、障碍、局限，才需要我们去发心。

普贤行愿深
劝发菩提大心

七 利他与如理听闻

1. 善待身边的人

我们现在来学佛法，学这些道次第，就是要从培养自己的发心方面去下手，培养自己从对外在的这些人事物的认识来下手。这个认识非常重要，用佛法的语言来讲，就是正见。正见的树立是非常重要的。

为什么有些人朋友非常多，有些人是孤家寡人？你能够很好地去对待别人，就是很好地对待自己。善待他人就是善待自己，善待他人就是对别人的一种慈悲、一种体贴、一种关照、一种敏感。

我们如果对活生生的人、对与自己息息相关的人，都不敏感，对我们最接近的人、对我们最好的人、天天跟自己在一起的人，都不容易启发我们自己的善心，那么对那些陌生人、对离我们非常遥远的人，说我们要发心去帮助他，这有可能吗？这是不可能的！这只是自己的一种理想。你真正去帮助他的时候，跟他接触的时候，他把你骂一通，你还想不想去帮助他？肯定不想再帮助他。自己家里边的人 ——父母、兄弟、姐妹，自己单位里边的人 ——同事、上司、下属，我们自己庙里的义工，来的这些善男信女、游客，乃至我们寺庙里的法师，在这样一个境界里，自己都不容易用上佛法，那是不是很不对路？

2. 如理听闻佛法

我们在庙里听课、听佛法，抱着一颗什么心？我们不能说：我今天来，希望听到什么、得到什么。你要换一个心态，要很认真地听庙里的法师在讲什么，告诉我们什么道理，他指出了什么问题，他讲的是什么，他讲的这些内容跟自己有什么关系，自己有没有这样一些问题，自己在过去有没有发生过类似的状况，这些指导性的意见、说法，对自己今后会不会有帮助。如果有帮助的话，我们应该把它记住，以后能够参考，能够帮助自己解决问题。而不是说，自己希望听到什么，然后你来听，这个法师讲的跟我要听的不一样，就认为这个法师讲得不好；或者说，这个法师讲的，我要拿经论对照对照，他讲的是经论里边的哪一段。要是这样，你就搞错方向了。

我们这里讲佛法，不是要你来当裁判，来判一判讲的跟哪一段符合不符合，那是两回事。如果这些尺度拿捏不准的话，你到庙里听闻就会发生很大的问题。我们现在不是对哪一段经、哪一段论的文字来消文，不是来做这方面的工作。做这方面的工作，我们时间还没有到。更何况，我们自己家里边有这种经论，自己能够看得懂，那完全不需要来庙里听讲。在庙里听讲佛法，本身就是一种修行的过程，并且是直指人心，直指我们内心的弱点、烦恼、问题以及如何来面对和解决它们。然后，大家来造一份共业，来结一个善缘，这样慢慢地大家就能够走得上去，就会越走越稳，越学越好。

直指人心

在廟里听
講佛法
本身就是
一種修行的
過程，直指
我們內心的
弱點煩惱
和問題以及
如何面對和
解決它們

10 月 27 日晚，学诚大和尚从日本返京，次日上午 9 时为弟子们作了开示——《如何分享同行善友的功德与经验》。大和尚教诫：佛法要靠法师、同行善友来传递和体现，也就是靠善知识、法师和同行善友——这些人的所作所为来诠释。

　　上一讲我们谈到建立终极信仰的意义。很好地来认识这个主题，才能够对无限生命有极其重大的帮助。从另外一个角度说，无限生命的概念，我们不容易真正建立起来，自然而然对终极信仰也就会若有若无，就不会那么明确。

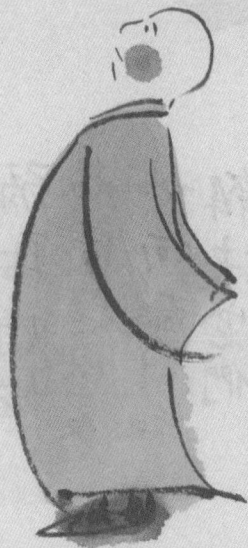

第六讲

如何分享同行善友的功德与经验

一　生命，一道深奥的命题

1. 流水的启示

无限生命对一般的人来讲，没有那么深的智慧去认识、去觉悟。生命本身就是一道很深奥的命题。

中国古代圣人孔子曾经站在河边说："逝者如斯夫，不舍昼夜。"他在河的旁边看到水一直在流动，能够体会到无常，能够体会到无限。"逝者如斯夫"，河流一直在流动，这就说明无常；"不舍昼夜"，昼夜不停，就是无限。我们站在河的岸边看到水在流动，我们却很难体会到比较深的含义。我们可能只看到水在流动，我们甚至都看不出来水流动的变化。

实际上，一条河流在流动的话，我们眼前看到的水，前一个小时、两个小时……前一天、两天、三天……前一个月、两个月、三个月……前一年、两年、三年……分别都是在不同的地方。我们今天看到的水在南京，昨天、前天可能在武汉，再前几天也可能在重庆，再几天以前可能在新疆，再几天以前它可能还在天上……也就是说，当我们看到河水在流动时，我们不容易看到、想到这些水经过了千山万水，经过了千家万户；这些水所经历的境界，是千变万化的。进一步来说，我们眼前看到这个水在这里，过了一个小时、两个小时……过了一天、两天、三天后……它就不知道到哪里去了。它有可能流到大海里，也有可能流到其他的支流里，也有可能去灌溉庄稼，也有可能被人和其他动物饮用了。

我说这个话的意思在哪里呢？就是我们看到一样东西，看到一个事物，不容易将它与过去和未来联系起来，更不要说联系到水的用途有多大，它对我们人的生命的帮助有多大了……我们很难这样去看待。更多的情况下，我们只是在需要喝水的时候、需要洗衣服的时候、需要洗澡的时候，才会考虑到有没有水，这个水干净不干净、卫生不卫生。我们对外在事物的认识，更多的情况下是考虑对自己有没有利益，有没有好处，不能准确、全面、深入地去了解一件事情的本意和作用。

我们人的生命同水比起来更加复杂、深奥。那么简单的事情，我们都很难认识清楚，更何况我们无限生命这样一个深奥的命题。我们认识不清楚的原因，答案也在我们自己的内心。我们内心对无限生命存在状态的认识，时时刻刻、不知不觉被无法穿透的自我所蒙蔽——我执、法执。因为被我执、法执所蒙蔽，我们很容易被外在那些五光十色、虚伪不实、眼花缭乱的现象，以及生命的现象所迷惑。不知不觉我们就会花大量的时间、主要的心力去考虑如何拥有现世利益以及眼前的得失。我们把自己的生命花在考虑眼前利益的得与失上，自然而然我们内心里面的那些烦恼的沉渣就会泛起。烦恼的沉渣泛起的时候，无限生命的状态，无限生命这样一个深刻的、深奥的命题就会被掩盖，消失了，不会有动力了。

2. 佛陀的抉择

释迦牟尼佛最初出家的时候，是跟一个名为阿罗逻迦兰的外道学习。他跟这位外道修行的时候，这位外道在修无想定。他问释迦牟尼佛：世间人对于色声香味触——五欲的境界容易着迷，不容易解脱，尤其是在青少年的时候，你为什么能够对五欲的境界如此厌恶呢？割爱辞亲是一般世间人最不容易做到的事情，也可以说是最难以远离的、最为痛苦的事情，为什么你能够做得到呢？你不仅能够割爱辞亲，而且能够远离五欲，这恰恰是一般人不容易做到的。一般人需要五欲的境界，需要父母家人的亲情。而释迦牟尼佛出家，在这两点上是与一般人不一样的。

释迦牟尼佛回答：一般人追逐五欲，因为觉得五欲的境界是快乐的，所以会拼命去追逐，然后来满足自己内在的欲乐。我出家为了求解脱，为了要救度众生。佛陀内在的愿望不是以五欲的获得为主，不是以五欲的获得为快乐，而是以拯救天下苍生、普度众生为乐。五欲的境界如梦如幻，不是无限存在的，是暂时的，不是永恒的，是无常的，它本身不存在厌恶不厌恶的问题。这就是佛陀对第一个问题的思考。佛陀是为了普度众生，而不是因为对五欲的境界厌恶才出家。这些境界本身不存在好恶的问题，好恶是在人的心，就是自己的好乐心在哪里。佛陀的好乐心是为了救度众生，而不是五欲境界。常人的好乐心是在这些色声香味触的境界上。

第二个问题，割爱辞亲。远离亲情很不容易做到，但这些亲情也是如梦如幻的。人生百年终有一别，是不是？你们不可能永远在一起，只是早晚的问题，最终肯定都是要别离的。因此，还不如早日出家用功修道，实实在在能对父母、对众生有大利益、大贡献。释迦牟尼佛是这样回答阿罗逻迦兰的两个问题 —— 如何来看待五欲以及如何看待亲情的，佛陀当时就有这样的认识。

150

二 智慧对治烦恼心

1. 调伏内心

　　阿罗逻迦兰，这位修行人，他的禅定功夫佛陀很容易就达到了——"无所有定"，但这还不能完全制伏人的烦恼，仅仅是克制自己的烦恼。犹如搬石头压草一样，虽然这棵草可能会长期被石头压在下面，但是草的生命依然存在，哪怕它非常微弱，这是不究竟的。

死水難養
活魚
賢不二書

释迦牟尼佛不满足于这位外道的成就，所以就离开了。"无所有定"已经很不容易了，为什么这么讲呢？我们能够把自己内在的烦恼克服住，让它不出现，对我们来说就很难了。即便我们作为佛教徒，甚至我们可能学了很多年的佛法，做到这点也不容易。佛法告诉我们，要在起心动念的时候来下功夫，来做文章，来对治烦恼。这跟外道的"无想定"不一样。"无想定"对内在的微细烦恼，以及自己色身的障碍、束缚还没有真正地破除。虽然自己对外在的境界——五欲的境界有很强的厌离心，甚至厌恶的心，但是内心里边的那种功夫，那种明净的功夫还是没有真正得到。

我们凡夫位的人如何把握内

心？很多人一开始是用压抑的办法，就是让心念不起。我们内心对种种的境界，包括外在的种种境界会贪求、执著。有贪就会生执。如果我们贪求外境，内心就会一直想得到它、拥有它。我们学佛法的人，对外在的境界，尤其是五欲的境界，应该以正确的观念、正确的态度去对待，要以智慧去抉择它，不应该有这样的想法，不应该有这样的念头。实际上，这些念头和想法会一直出现。那怎么办呢？也只有采取一种克制的办法，就是我们的心有意去克服它。这样时间一长的话，我们的心就会影响到我们的脑、心脏、身体里的细胞，甚至我们人的整个血液循环都会受到一定的影响。

这个心本来就像大海一样，我们所有的念头、所有的心念就犹如波浪一样。我们学习佛法就是学习如何训练我们的心，而不是让我们的心不起心、不动念，这是不可能的事情。如果心念不会生起，我们就变成一潭死水了，心就变得没有作用了，心就死了。过去说"哀莫大于心死"，这个心一死就很难解救了。

我们面对境界的时候，我们的眼耳鼻舌身意接触境界，内心里边的念头又会汹涌澎湃，力量又会非常地强。只有慢慢来调伏，一点一点来调伏。

誤會了

恨見不二

我這個傢伙又在叨叨

中午吃多了 老打嗝

2. 攀缘的心

我们内心的念头就如大海里面的波浪一样，力量非常强烈，汹涌澎湃。你一旦被大浪冲击到，不要说人的生命了，甚至住的房子、庄稼、轮船都会被卷到海里去，它的作用是非常非常强烈的。我们内心的波浪也是一样，它的作用也非常大。比如说，我们的眼睛能看到东西，看到外在的色相、色境，就会有念头生起来。从好的方面来讲，当我们看到佛像时，我们就如同见到佛了，清净、庄严、圆满、智慧、慈悲……这些境界对自己、对众生是如何好、如何有益，等等。也就是，当我们眼睛看到佛像的时候，我们的第一个念头知道是佛像；第二个念头，知道是佛；第三个念头，知道佛的神通妙用；第四个念头，想到佛对自己有什么作用和帮助……很多联想会一直持续下去、等流下去、推理下去。

换一个角度讲，我们看到不好的事情，也会这么去联想。比如人家给我们不好看的脸色，或者不搭理我们的时候，不跟我们说话的时候，我们很容易产生不好的持续联想的等流，会想：“昨天我是不是得罪了他？”“过去我有没有做对不起他的事情？”会引发很多不好的联想。这是很正常的，也是常常会发生的，每一个人都会有。这个意思就是：我们的心一直在攀缘。

心随境动

攀缘就是我们对自己所缘的境界，内心一直不能平静如水，一直在动摇。换一个角度讲，我们的心一直被外境动摇。我们第一念看到、听到这个境界，之后第二念、第三念、第四念……甚至半个小时、一个小时，乃至几天、几个月、几年，可能就因为无法忘怀某人的某一件事情、某一句话、某一个动作，从而影响我们的学习、工作、生活、修行，影响我们的一生，影响我们的一世，不知不觉就会有一个力量支配着自己。你对别人有这样的一个想法，别人未必知道，也未必会有跟你一样的想法。你对别人有这样强的一种执著观念，别人未必跟你一样。反过来说，你对别人可能会有很深的一种误会，这个误会一直深埋在自己的心里。而被你误会的人，他自己可能反而不知道，他不会跟你一样。也就是说，这不是相等的。这个就是我们凡人的一种心，凡夫的一种心态，凡夫内心的一种问题。

这些问题，每个人都会有。我们只有面对这些攀缘的心，把它慢慢地淡化，慢慢地纠正，才能够以智慧、慈悲面对外在的境界。六根接触六境，就会起心动念。我们必须要进行真正的实修，在我们的起心动念、在我们六根的门头上下功夫。

3. 历事练心

亲

刚才谈到外道修"无想定",因为他觉得心念不容易转变、转变不了,所以只能压抑。他们认为我们只能压抑自己内心对外在的贪欲、瞋恚、我慢、骄慢、嫉妒、障碍……种种不好的心理,不让这些过失出现,如同地上长了很多杂草,拔也拔不完、拔不掉,只有搬一块巨大的石头把它压住,不让它再长起来。实际上我们内在的杂草很多,我们自己也能够感受得到。贪欲的草、瞋恚的草、愚痴的草、怀疑的草……这些草不是一次、两次拔掉了就没有了。今天拔掉,明天、后天它又长出来了,我们拔一千次、一万次都拔不完,那是因为我们没有从根本上拔除,没有把草根挖掉,没有把种子去掉。

我们常常说"历事练心"。"历事练心"的"事"就是一种境界,通过这些境界来磨炼我们自己的内心,通过外在的这些境界把我们内在的根本烦恼、随烦恼,种种烦恼的种子引发出来,然后去对治。

比如你瞋心比较大，喜好骂人，脾气不好。如果你一个人待在房间里，天天不跟人见面、接触，自然而然你就不会跟人去吵架。不跟人接触怎么会吵架？你可能一年、两年、三年、五年……天天面对的、看到的都是一些实物、一些花草，或者一些其他的动物，自然而然内心里面就不会有什么问题。社会上为什么很多人喜欢养花、养草、养一些宠物呢？他们觉得跟人接触打交道太累、太苦，还不如跟这些花草等植物、这些小动物在一起。这是很现实的问题，为什么呢？因为你跟这些小动物说话它们只能听，没办法回答，也不会把话传给别人，是不是？花草也不会讲话。人这样做就是把自己的感情、自己的心转移到小动物、花草上面。

学佛修行的人也是这样。因为你内心不想跟别人互动，不想跟别人接触，自然不会有什么大的问题。反过来说，如果你真正跟人接触、跟人相处、跟人沟通、打交道、办事情的时候，就不那么简单了。人家不理睬你那一套，人家不听你那一套，人家不接受你讲的，那时你起不起烦恼？我们有没有慈悲心，有没有定力，有没有戒律，这时才能看得出来。在这些境界上，我们才能够真正去体现佛法、落实佛法。

愁肠说给野花听

4. 心静如水

当释迦牟尼佛开始修"无想定"时，他对内心这些生灭现象已经认识到了，但是不能完全、彻底解决这些问题。修"无想定"的人临终最多也只能升到无想天，而实际上内在烦恼种子的根源没有完全去除，是不究竟的。我们学佛法的目的是究竟离苦得乐，是让我们的心清净、圆满，没有一点点的执著，没有一点点的染污，心非常有力量。海水可能非常平静，没有一点波澜，但是能够承载万吨巨轮。虽然我们的心平静如水，但力量很大，力量就蕴含在平静当中。反过来说，我们内心如果有起伏、有动荡，力量就会受到影响，作用也会受到影响，并且对其他的人和事也会有妨碍和坏处。心性可以用水来作比喻，心性非常清净，清澈见底，犹如一面镜子一样清净无垢，它的本性是完全没有染污的。

心如
止水

贤不二

我们如何来慢慢净化这种不干净的水，净化我们自己烦恼的心、染污的心？这需要很长的时间，不是说一年、两年、三年、五年就能够完全净化的，要经过长时间的用功、长时间的努力，还要有佛法正确的知见作指导。

一刀兩斷

賢不二

5. 启发悟性

我们学佛法的时候，常常也会打各种各样的妄想。我们打这些妄想，起种种的烦恼，有时候对治起来非常难。你要一个一个来对治，非常不容易。

过去有一个皇帝叫梁武帝，他信佛。还有两个人，一僧一俗，一个是傅大士，一个是宝志公，他们都是从兜率天下来护持梁武帝的。有一天，梁武帝请傅大士给他讲《金刚经》。傅大士上台讲《金刚经》

的时候，只把戒尺拍一下，就下来了，什么话也没有说，什么经也没有讲，把梁武帝搞得莫名其妙。梁武帝问宝志禅师："今天我是不是哪里做错了，哪里的行为不规范了，有对不起傅大士的地方？"宝志禅师对梁武帝说："你做得一点都没有错，傅大士讲的经也没有错，他确实是讲完了。"梁武帝说："我一句话都没听到，他都没有开口，怎么会讲完了呢？"宝志禅师说："《金刚经》中的'金刚'是一种比喻，是一种力量的比喻——无所不摧。摧断的就是我们的烦恼障、业障。般若智慧就像金刚一样，能够断我们的业，断我们的烦恼。他这样的举动就是告诉我们，要用佛法智慧的宝剑来斩断我们烦恼和业的种子，一刀两断，而不是拿个石头把草压住。只有真正靠智慧，才能够解除我们的烦恼、业障，智慧才能够把心转变过来。"宝志禅师给梁武帝这么一讲，梁武帝慢慢就明白了。确实不需要讲很多话，佛法是让人去悟，去悟佛法是什么。

所以，佛法启发我们的悟性。悟性得到启发以后，智慧才能增长。智慧增长起来的时候，烦恼与业才能够得到消除，不然这些很微细的内在烦恼与业对我们障碍很大。

6. 有智慧才有力量

有时候我们要去忏悔，但忏悔心却生不起来，也不容易真正生起。我们说四力忏悔，不仅仅是把这些文词念一念就算忏悔，也不等于我们磕一些响头就能够把这些业障、烦恼障铲除掉，真正要有一种很强的智慧的力量，才能够摧毁烦恼与业的障碍和种子，才能够把它们连根拔起。烦恼与业本身是无有形相的，它是人内心当中的一种力量——一种不好的力量，一种不好的障碍和症结。智慧也可以说就是佛法的代表，佛法的本质就是智慧、慈悲与福德。刚才我谈到了我们内心当中无有穷尽、绵绵密密、心心念念、非常深细的烦恼在起作用。常常讲"剪不断，理还乱"就是这样一个道理。你断除不了，想去理一理自己的头绪都理不出来，今天理好了，明天又乱了。

其实，我们认识、了解自己的这个色身是很重要的。我们对自己血肉之躯的认识也需要靠佛法的智慧，而不是用一些世俗的、外道的，或者是自己凭空想象的办法来对治，那样的话也会搞出毛病来。因为我们人的身体也是受心支配，眼耳鼻舌身意六根，心和智慧、烦恼、自己的业都有关联，也就是我们的所作所为、一举一动都是心在主导身体。身体本身没有对和错、好和坏。对和错、好和坏都在心这个症结上，不在外在的境上。人的身体也是一个境界，心所缘的一个境界。

人的身體是受心支配的，憑空工想象會搞出毛病來

三　心上用功得解脱

1. 解脱是在自己的心上下手

在现实生活当中，我们心情不舒畅、内心有问题的时候，就容易去责怪别人，去责怪外在的环境，觉得今天事情做不成功、做不好是别人的原因，是因为第二个人、第三个人的原因，是因为外在环境条件的原因，非常容易觉得我们做不好、做失败，都是因为别人的原因、其他的原因。我们常常认为自己成功了，是自己的原因。

实际上，我们做一件事情成功、失败的根本原因在自己，外在的境界、外在的人事物都是一种缘而已，是第二位的。外在的人事物，对我们来讲是一种境界、一种现象。这种现象不管有无形相都是短暂的。当你的心去缘它的时候，只是那个时候存在的一个特点，事实上，它在第二个念头、第三个念头、一天、两天的时候，外在的境界，外在的人事物又在发生变化，不断在变化，无量无边的变化。

这些都是因果的一些现象。虽然在变化，但能够说明因果。为什么变化呢？因为有生灭，心心念念都是在生生灭灭。我们如果能够悟到这样一个境界，了解到这样一个道理——外在的事情是无常的，我们的心就不会被外在的境界束缚住，心就不会太在意外在的得失、是非、成败。唯有如此，我们的心才能够用在佛法的观念上，才能够用到佛法的学和修上。也就是真正能够知道，解脱是在自己的心上下手，在自己的心上来突破，在自己的心上来努力。

都怪你

2. 解脱束缚靠智慧

为什么要解脱呢？因为你被束缚，就跟一个人被捆绑起来一样。一个人手脚被绑起来很难过，把这个捆手脚的绳子解除，就自由了。我们的心也是一样的。你被烦恼、无明、业障捆绑起来，障碍住，心就不自由、不自在、不快乐、不健康了。我们只有把内心当中的那些烦恼、束缚，那些捆绑的绳子，一层又一层、一条又一条、一根又一根地拔除掉，把它剪断，那我们才会解脱，这些束缚才会去掉。

解脱束缚及障碍要靠智慧。我们外在的身体被捆绑住是有具体的东西——具体的绳子把我们捆住，而我们内心是被自己的观念锁住。我们认识方面的片面、错误、执著把自己束缚住、卡住，心被卡死了，被关死了，就想不开，心量就打不开。

3. 超越情绪

一个人一生在社会中生活几十年、工作几十年，成功和失败也可以说是自己和自己在踢球，自己和自己在赌球。如果从无限生命来看待，自己在世间种种的成功与失败，就犹如我们在看一场戏一样，在看一场电影、看一部片子一样，这个戏里、电影里所上演的得与失、是与非、恩与怨，所有的曲折、伤害，自然而然也就无足挂齿。我们知道这个电影一个半小时就结束了，它是幻化的——如梦如幻，不是实在的，只是在演戏，在看电影。

贺岁片 全球公映

美丽人生

生活影业出品

主演 王贵 木子香香

导演 李有财

当我们在看戏、看电影的时候，如果控制不好的话，心也会被电影里边演员的喜怒哀乐牵动，自己也会跟着产生喜怒哀乐的情绪，电影里面高兴的时候我们也会高兴，里面痛苦的时候我们也会痛苦，里面悲哀的时候我们也会跟着悲哀。通常人的情绪跟剧情比较容易相应，所以看喜剧影片就容易看得很高兴，看悲剧就容易悲哀。

悲慘世界

史詩
戰爭
動作
巨製
國際
巨星

好來烏影業

主演
湯姆
傑瑞

導演　富貴、王

外在的境界是无常的，悟到了，我们的心就不会被束缚住

这样一种看法，跟我们用佛法的观点来看是不一样的。如果通过佛法的业果来分析，他为什么会高兴，为什么会悲哀呢？高兴是有原因的，悲哀也是有原因的。从更高的一个层次来讲，悲哀、快乐、欢喜都是世间的情绪，"苦、乐、忧、喜、舍"都是五受里面的一种感受，都是需要我们去面对、

解决、超越的对象。欢喜的感受、快乐的感受，也是短暂的，也是一种内心的起伏，它和悲哀的情绪本身是一体两面的，都是内心当中的缺陷。我们如果能够这样去认识自己在世间的价值、意义，自然而然就不会太在意一些境界了。反过来说，内心就不会被这些境界所左右了。

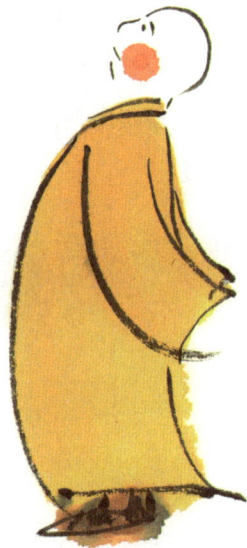

四　分享佛法这束阳光

1. 学会分享

我们自己活在世间，如果能够不断去分享别人的成功、喜悦、经验、快乐，对别人，对第二个人，对第三个人的成就、成功能够产生一种深刻的、自他不二的共鸣，我们就会觉得很有成就感，自己也会觉得很高兴、很喜悦，也会有一个很好的心情，就不会感受到很痛苦，不会感受到这些成就、喜悦、快乐都是别人的，跟自己不相干。

事实上，我们对别人的成就，对社会上面其他人的种成就，对于佛门当中其他同修、同行善友的成就，我们很不容易去分享，不容易分享别人的这些成就、别人的这些经验和喜悦。这一点特别重要。为什么这么说呢？因为佛法是要靠法师、靠同行善友来传递和体现的，也就是靠善知识、法师和同行善友的所作所为来诠释、说明什么是佛法。这点是什么意思呢？佛法像太阳一样，它能够普照大地，温暖万物。无论是一株小草，还是一棵大树，都需要阳光，佛法对每个人都有这样的作用。一棵树、一株草、一朵花，如果长期没有阳光，肯定不会活。这话是什么意思呢？我们的生命就犹如一株小草一样，我们必须很真切地认识到，要让自己的生命有意义，有价值，远离痛苦，获得快乐，那就需要阳光，需要佛法。可是，我们自己并不知道阳光对自己有多么重要。

2. 拥有一颗分享的心

我们如何拥有佛法的阳光呢？我们可以看，可以对比，对比其他的小草、其他的花木，我们就能够看得到，就能够知道。古往今来，那些修行的人，学佛法的人，用功的人，他们的成就，他们生命的意义，是很容易看得到的。有那么多的高僧传，那么多佛菩萨的传记，这些成就、快乐和喜悦，不是说要等到我们死了以后才会感受得到，它在今生今世、在当下、在眼前，只要我们能够真正有一颗心去分享，我们就能够得到利益，我们就能够得到感应，我们就能够得到加持。

我们学佛法、集资粮，就是在分享佛菩萨的功德，分享善知识的功德，分享同参道友、同行善友的功德，分享佛菩萨、善知识、同行善友的经验、福德、成就。我们能够分享三宝的功德，自然而然，自己的功德也就在增长。我们自己的能量比较小，需要去承接更强、更大的能量，慢慢地自己才会有更强、更大的能量。

佛法就像阳光，就像雨露，就像电源，我们时刻都不能离开。我们离开就不容易生活，生活就过得不好，身心就不会愉悦。佛菩萨、善知识、法师们、同行善友们这些具体的形象，我们比较容易感受得到，因为这些境界本身就是佛法的写照、落实和体现。我们来到佛门，就是要从这些境界上去分享。我们拥有一颗分享的心，慢慢自己就得到了，慢慢自己就享有了——享有智慧、享有慈悲、享有功德，福德资粮就会越来越多。

11月4日，学诚大和尚在大风狂舞中为大家作了题为《从内心深处寻找苦乐源头》的开示：佛法是以人为中心，它的着眼点在众生，是从众生的心理上面去作功夫，去寻找生命的意义和价值。

第七讲

从内心深处寻找
苦乐源头

一 融入团队 利人利己

1. 在团队中承担责任

诸位来到寺庙学佛法、当义工，积聚福德智慧资粮，成为师法友和合增上团队当中的一员，我们如何能够很真切地感受到自己是和合增上团队当中的一员？我们要怎样才能够感受到自己是团体当中一员的意义？

就个人来讲，我们每个人有一具身体，自己把这具血肉之躯当成是自己，就会百般爱护，给予种种照顾——冷的时候穿衣服，肚子饿的时候要吃饭，身体脏的时候要洗澡，每天要洗脸、刷牙等等。一天当中要花很长的时间去照顾自己的身体。如果自己能够很真切地感受到自己是家庭当中的一员，很重要的一员，比如说，你是一个家庭里面的家长，那么你就会千方百计去工作，去赚钱来养家，照顾家庭里面的

每一个人，甚至自己所居住的房子，自己及家人的生活条件、用品用具，都会很用心去照料。如果自己能够感受到是单位中的一员，那么你在哪一个单位工作，都会很认真负责，天天为自己的单位着想，不断去发展各方面的业务。

为什么我们对自己的身体、家庭、单位会有不同的态度、不同的发心？这根源于人的思想的认知。你只有真正认识到这些方面对自己来讲是很重要的，才会去尽心尽力，才会去想各种办法。学佛法也是一样，你只有真正感受到自己是师法友和合增上团体当中的一员，接下去才会考虑如何来扮演自己的角色，如何在这些同行善友当中发挥自己的作用，自己如何为团体的发展出力、发心。

我比上個月又重了十斤

我们佛法的团体，顾名思义，是为了学习佛法，落实佛法的理念。佛法的理念就是要引导众生究竟离苦得乐、圆满佛果。佛教告诉我们：人的生命和其他的人是息息相关的，同一切众生紧密相连、自他不二。也就是我们真正能够把所有的人类、一切的众生当成自己去关心、照顾和利益的对象，我们的心就是没有分别的心，我们的心就没有界限，我们就能够以一颗平等的心、包容的心、清净的心去对待所有的人，去对待所有的众生，去对待自己周围所发生的一切事情。特别是我们以一颗清净的发心去面对、接受一切人事物、自然环境、社会环境，那么我们的所作所为、一举一动就会直接、间接利益许许多多的人，我们的行为就会越来越有价值，我们的宗旨目标就会越来越明确。

假如一个人仅仅认为这个身体才是我，自己家里的兄弟姐妹、父母以及单位里的同事、同人都无足轻重，或者说这些人都是与自己不相干的，甚至都是自己的对立面，那么我们对待别人就会有一种不同的心情、不同的心态。父母对我们来讲是最有恩德的，我们如果想以一种对待自己、关心自己、爱护自己身体的心情和态度去对待父母、兄弟姐妹和与我们有关联的人，那我们就需要一步一步去学习，学习这种发心，学习如何来培养这样一种善良的心态。学习佛法就是培养善良的心，增长自己的善心，要从动机、意乐、发心上面去下手。

2. 用平常心和欢喜心面对一切

我们每个人内心当中都有很多痛苦，这种痛苦是因为烦恼和贪欲引起的。因为我们有烦恼，所以我们对外在的人事物、客观环境，不能正确地认识和认知，我们总是很容易同自己以外的人事物对立起来。

我们人的一生，就好像在足球场上踢一场球一样，我们不仅仅是场上的运动员，同时也是场上的教练员。什么意思呢？运动员也好，教练员也好，都希望自己的这支球队能够把球踢好，取得冠军。但是真正进行比赛的时候，甲队也好，乙队也好，最后终归有一支是失败的。我们很容易为自己认

为要成功的那支球队的成功感到高兴，会为认为要成功的球队的失败感到沮丧。所以我们真正在看球的时候，无形当中，内心就不平静。总是希望哪一支队要赢，哪一支队会输，这是我们内心的一种期待。反过来另外一边的人也是如此，他们也是希望哪一支队要赢，哪一支队要输。总的来说人的内心都是不平静的。其实，如果真正从体育的角度、从踢球的角度看，完全就是看他的技术、他的体能，输和赢都是这样一种结果，也是很正常的事情。

狂牛队的粉丝

野猪队的粉丝

这是什么意思呢？我们人生几十年，每天都在做事。做一件事情就犹如自己在看一场球赛、自己在踢一场足球一样，不论输和赢，都要以无分别心、平等心和清净心去对待，不要被外在的、暂时的、不真实的输和赢、胜与败、是与非等影响了自己的心态、困惑了自己的心态，让自己的内心越来越无明，越来越黑暗。如果这样，不知不觉，我们内心所注重的就是一些不真实的境界，一些渺小的情景，缺乏更远大的目标、更大的抱负，缺乏一种更加冷静、客观的认识事物的态度，这些都是我们的问题。因为我们内心当中有这样一些问题，自然而然我们对外在的境界，看到的、听到的、接触到的，与自己有关的、与自己无关的，都会引发许许多多莫名其妙、无以言状的痛苦和纠纷。

学习佛法，就是要培养对事物、对事情能够有一个很正确的认识的态度。我们看到踢球最后的结果，不管谁赢，不管谁输，我们都会高兴，我们都会欢喜。高兴与欢喜是自己内心里面的一种感受。我们就是要用这样一种高兴的心、平常的心、欢喜的心来面对和接受世间的一切——一切的人与事、一切的环境。

二　培养良善的习惯

我们一生不断地在追求，有物质方面的追求，也有精神方面的追求。物质方面的追求，这样一个清单我们很容易开。在家里的时候，那些小朋友、小孩子，看到自己的爸爸妈妈上街的时候，就会说自己要买什么东西。或者父母上街，就会问小孩子，要买什么东西。小孩子就会告诉自己的父母要买玩具、要买衣服、要买学习上的用具、生活上的用品等，他就能够开出一份清单。我们

从小到大，从生到死，内心当中的清单都是物质方面的，我们很清楚需要什么东西。而精神领域的清单，我们内心所需要的精神资粮，却不容易开得出来。我们很迷惑、很迷茫，搞不清楚需要什么东西、不要什么东西，这些东西到哪里去找，我们怎么样才能够找到，怎么样才能够得到。这些我们都不知道。实际上，一个人的痛苦和快乐、欢喜和悲哀，都是人的一种情绪、人的一种心

情，是内心当中的感受。内心当中的感受是非常不可思议的，也是非常微妙的、非常深奥的。

比方说我们觉得一个水果不干净、打过农药，我们就会用水去清洗，用刀把皮削掉。反过来说，我们如果不认为水果、食品、蔬菜很脏，如果知道这些都是很干净的、清净的、没有问题的，就不会去削皮。我们要去削皮的时候，已经对这个水果的不干净做了结论，认为水果皮不干净，所以要把它去掉。但实际上，这个水果的皮究竟是干净还是不干净，吃下去到底是有利还是有害，我们还是不清楚。有些皮可能很脏、不干净，吃下去有害，有些皮可能比里面的肉更有营养。但我们会认为外面的皮不如里面的肉，这就是我们一般人对事物的认识。不知不觉，大家都这么认识，久而久之就成了一种习惯。生活上的一种习惯，行为上的一种习惯，这个习惯很不容易改，会影响我们的一生。

我们学习佛法就要培养一种很好的学习、生活、工作、发心的习惯，甚至要来修改学习、生活、工作、发心中不好的习惯。要养成好习惯，修改不好的习惯。反过来说，我们只有把不好的习惯慢慢去掉，好的习惯才能够一点一滴培养起来。这两种习惯，是一体的两面。坏习惯改不掉，好习惯就不容易培养起来。如果没有好习惯，我们的人生就不知何去何从、何作何为，就显示不出它的意义。

上星期你说苹果皮有营养

这孩子吃苹果不削皮

一個人，如果僅僅是獨善其身，不管別人，不顧別人，不理別人，心量很小，心胸很狹隘，那麼他的人格自然也就有問題，不會圓滿，智慧和慈悲的力量也會很弱

賢二

三　生命真正的价值

　　一个人如果仅仅是独善其身，不管别人、不顾别人、不理别人，心量很小、心胸很狭隘，那么他的人格自然也就有问题，不会圆满，智慧和慈悲的力量也会很弱，生命的意义就会很渺小，更不要说有什么终极目标，有什么成佛的愿心。

1. 来寺庙的意义

从世俗的意义上面来讲，放弃我们个人的一些比较渺小、有局限性的认识，是一般人很不容易接受的。比如说我们到寺庙里面来学佛，从北京城里坐一两个小时车过来，回去又要一两个小时，我们在这里听听经、听听法、念念经，大家交流交流，如果是不学佛法的人，很难理解我们来到寺庙里的意义。不学佛法的人，他更希望周末不要出门，同家里亲人团聚、吃饭，或者大家一起去做一些事情。不学佛法

的人，不容易体会学习佛法的人的那样一种心情、那样的发心，以及所作所为的意义，更不用说出家了。因为出家更是长年累月不跟家里人在一起，到寺庙里边来，和很多原来不认识的人在一起。也就是原来大家是很不熟悉的人，到庙里边越来越熟悉，反而变成一家人。原来的一家人，出家后反而不能在一起，在一般的常理上，是很费解的，也不容易被接受。

到了寺庙里面，因为佛法的摄受，因为师法友和合增上的团队，大家彼此之间比自己的亲人还亲，见面都高高兴兴、欢欢喜喜，内心没有障碍，没有什么疙瘩、隔阂。那为什么

大家会这样呢？因为大家来到这里，发心清净，目标也很清楚，就是要修改自己的习气毛病，要很好地发心，要培养好的习惯。

大家都这么认识了，都来查找自己的问题，对治和克服自己内心里的问题，自然而然外在的一些行为就不会去计较，外在生活差一点、好一点也不会去计较。大家不以物质条件的多少、优劣作为标准，而是以内心当中的成就作为标准。这样的标准跟自己在家里面不一样。自己家里的一个标准就是子女对父母、或者父母对子女好，总是要给他好吃的、好穿的、好玩的、好用的，总是在物质上面着眼，至少这方

面是主要的。当然，一家人如何相处，也讲一些道理，但这些道理都是很简单的。

在庙里我们所听到、所传播的道理是不一样的，庙里面的是更究竟、更圆满、更全面的。我们是以所有的人类、所有的众生为我们要面对的对象，并且这些众生都是平等的，冤亲平等，没有仇人。大家都是众生，都是佛弟子，都是一样的，都有习气毛病，都有问题，都有烦恼，都是在修行。我们只有建立这样的一些观念，建立这样的一种佛法的知见，才容易做到"兼济天下"——也就是过去讲的"小善独善其身，大善兼济天下"。

一者禮敬諸佛　二者稱讚　如來
三者廣修供養　四者懺悔業障
五者隨喜功德　六者請轉法輪
七者請佛住世　八者常隨佛學
九者恒順眾生　十者普皆回向

2. 拓宽自己的生命

　　我们从无始以来，不断地生死轮回，从无始生死轮回的链条上面来看，每个人都只是这个链条当中的一个环节、一个阶段而已。也就是说，在家的父母、兄弟、姐妹这样的人伦关系，仅仅是今生今世的。比如这世你的父母生了你，父母去世以后，也可能再投胎，再生到你家里面，可能就会变成你儿子的儿子。也就是我们在生死轮回过程当中，都曾经互为父母。所以《梵网经》里面讲道："一切男子是我父，一切女人是我母。"就是把所有的人都当成、看成自己的父母。如果我们从无限生命来看待、来推演，这样的一个命题是能够成立的。

物小乾
坤大
不二

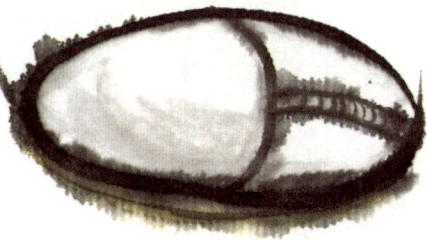

　　从无限生命、无有穷尽的时空来认识自己的生命，或者仅仅从一生一世来认识自己的生命，或者只是从今天、眼前这样一个境界上来认识自己生命的意义和价值，得出来的结论和答案是不一样的。所以我们应该要从更长远、更宽广的境界来认识自己生命的价值和意义。

修 橋

四　走进佛法

1. 善用自心

　　大家到寺庙里边来，环境很好 ——这座山非常雄伟，晚上也常常能够看到月亮，早晨能够看到日出，傍晚能够看到彩霞等等；寺庙里面有古老的石桥、古老的银杏树、古老的建筑，也有这么多法师在修行、在带动大家，还有好多义工发心护持，所有这些都是非常殊胜的。我们要用心去观察，用心去注意，全神贯注于我们所接触的这些境界。如果我们不细心、不专心去看待、去感受外在的这些境界，就不容易在内心当中产生作用。也就是说，我们面对境界的时候，内心的认识是非常重要的。

2. 建立内心的标准

内心的状态、起伏是有标准的，也是有境界的。外在的人事物、环境，有形有相的东西，也是有标准、有境界的。也就是一个是外在的标准，一个是内心的标准。反过来说，只有内心的标准好了，内心的标准建立起来了，内心的标准比较高，我们对外在的评判才不会有错误，才能够有个好的结果。如果内心里面本来就没有标准，或者标准很低、很差、不规范，外在再好的东西我们都会认识不清楚。

我们有些同行善友在庙里面住的时间长了，就会觉得在庙里住好像跟在家里面住没有什么两样。刚刚开始时，觉得寺庙很好，住久了觉得和家里好像差不多。实际上，这两个环境是大大不同的。只是因为你自己刚刚开始的时候，很喜欢这个环境，到一定的时候，你又不喜欢寺庙这个环境了，内心当中喜欢的仍然是原来世俗的那种环境，你在庙里，这种心又开始在起作用，不知不觉你就会觉得这种环境不是自己想要的，自己想要的还是原来那种环境。这样的话这个标准就模糊了，就错乱了。实际上，都是自己的内心在起伏、在变化，都是一种无明在起作用，所以学佛法修行用功，固然同时间有关系，但不等于说学的时间越长功夫就越好。

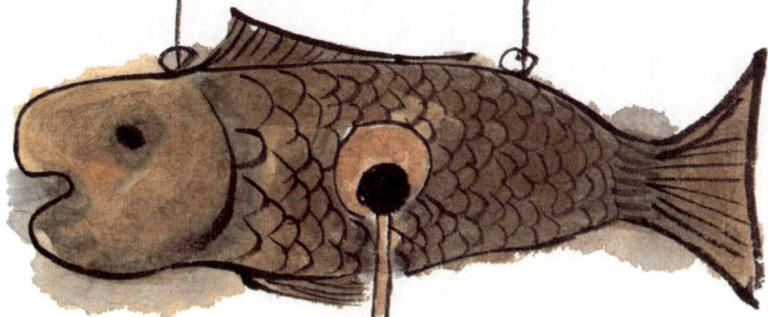

为什么佛经里面常常告诉我们要不忘初心？最初的发心——最初发心学佛法时的一颗心是最重要的。所以我们学习佛法，就是要把自己最初对佛法追求的那颗心一直保护下去，一直持续下去，并且还要让它增长广大。最初这颗心就是善良心、出离心、菩提心。

是日已过 命亦
随减 如少水鱼
斯有何乐

贤不二

3. 为自己做主

当我们认为外在的环境有问题的时候，当我们认为修行不修行界限模糊的时候，当我们看到别人有很多问题的时候，我们就要反观自己，要问自己：我自己为什么会有这些想法？这些想法是怎么出来的？这是很重要的。我们学习佛法，不是为别人做主，是自己为自己做主。只有内心对善恶是非、烦恼与菩提很清楚，才能对外在其他的同行善友、居士们尽量去关照，尽量去帮助，尽量去启发，这也是我们的一份发心和责任。而不在于说，外在的人有问题、有错。它仅仅是人的一些行为在我们看来有错，在我们的标准看来有问题，在我们的观点看来不应该，实际上是不是有问题、是不是不应该，又是另外一回事。我们一天当中要面对的、要接触的人事物非常多，我们只有培养了能够很好地去因应不同的人事物差别境界的时候，我们内心才能够保持如如不动——不动摇，不受外在的环境所影响和左右。

问一问自己的这些想法到底来自哪里

贤

反过来，当内在戒定慧的功夫越来越充足的时候，我们就能够去影响外在。也就是说，外在的人如果有问题，就说明自己内在的戒定慧的力量不足以去影响别人，我们的功力还不够，所以不能去帮别人，我们应该这样去认识问题。我们回到家里也是一样，不要总认为别人有问题。别人有问题我们有没有去帮助？有没有发过这种心？有没有具体的行为？我们在帮人、利人的过程中，方法得当不得当？

我们只有在这些方面，不断不断地根据佛法来修行，来用功，来对治内在的无明状态，我们这种功夫才能够不断得到培养和增长。否则的话，依然还是自己那种未学佛以前的动机和心态，佛法依然离自己很遥远。

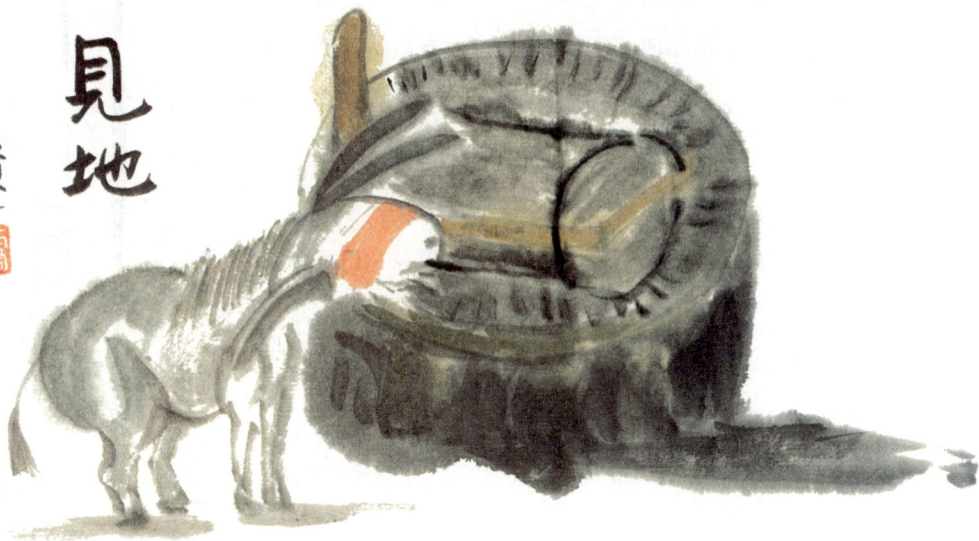

見地

五　正见破无明　五蕴成假我

1.　认识无明

无明不等于什么都不知道。无明是充满了错误的见解、片面的见解、稀奇古怪的想法，这些错误的观念是生死轮回的根本。因为你不知道什么是善，什么是恶；不知道什么是错，什么是对；不知道什么是因，什么是果；不知道什么是凡夫的世界，什么是圣者的世界；不知道什么是事，什么是理。那就很成问题。因为我们不知道、不了知，内心当中完全没有境界和标准，也就是善恶是非、因果，等等，我们都分辨不清楚了，那我们如何去

种因，又如何去转凡成圣？

我们要培养对善恶是非、因果观念的认识、标准，已经很不容易了，能够将善恶是非这些观念真正建立起来，有这种分辨的能力，需要学很长的时间才有可能做到。我们分清善恶是非之后，才知道哪些该做哪些不该做，哪些是对的哪些是错的。

从更深一层的意义上面来讲，无明状态还表现在，我们很容易把世间所有一切无常的东西当成永恒的。世间很多痛苦的现象、不快乐的现象，我

们都会把它当成是快乐的；世间很多不真实、虚假的东西，我们都会把它当成真实的。

2. 常见与断见

我们常常谈到的无常无我，我们会把它当成有常有我。反过来说，对生死流转、生死还灭，这样一些对生命本质有最大价值的命题，我们不清楚。要么是常见，要么是断见。所谓"常见"，我们会认为大家是人，人就这么一回事，生老病死，死了以后再成为人。持断见的人认为死了就没有了，死了就死了。持常见的人认为我死了以后会再做人。实际上，你今生做人，后世能不能再做人呢？那也未必。你后世要再做人，跟你今生今世的行为有关。你如果造了做人的业，后世才能做人。常见、

断见的观念深深地在我们内心当中扎了根，会左右我们一生的行为。我们只有通过对佛法教理的认识和学习，才能知道什么是成佛、什么是寂灭、什么是寂静、什么是永恒。内心当中的这些观念建立起来，自然而然就会对世间虚假不实的东西、有漏有为的东西有另外一个更好的、更超越的、更通达的生活态度，我们就不会被这些东西所左右、所影响。

所以，我们学习佛法，就是要在内心当中建立起佛法对世间上种种问题的态度、观点。

我聽說
人死了以后還接著
投胎當人

我聽說人死了就沒有了

自我的假相

3. 自我的假象

　　人的心心念念都是有生灭的，从小到大，从少到老，都在变化，人都是一个相续存在的假我。今天的我不是昨天的我，明天的我不是今天的我，是相续存在的，是虚假的、不实在的，由此我们产生了各种各样的我见。今天的我会认为我今天要怎样做，我今天要怎样生活，我今天要去哪里，我今天要做些什么事情。每一个人常常都会在今天这样一个状态下，去考虑、去做那些自己今天所认为有意义的事情。我们要把昨天、今天、明天这样生命相续的状态当成不实在的、变化的。人都是在变化的，都是一种五蕴和合的假我，更何况外在的境界，更是虚假的，更是不实在的。在这些方面，我们要常常去学习，这就是佛法的根本立场，佛法的根本观念。只有这些立场站得稳，这些观念、知见真正建立起来以后，我们对佛法才能够谈得上有正确的认识。

六 寻找生命的
意义和价值

1. 开显内心的光明

佛法是以人为中心，以有情为中心，以一切众生为中心的，它的着眼点是在众生，在人，在人心，在众生心，是从众生的心理去作功夫，去寻找生命的意义和价值。从内心方面去说明有哪些状态、哪些问题、哪些烦恼，是从内心里去开显出无量无边的智慧、功德、宝藏。

我们在世俗社会中，常常认为自己痛苦的根源是外在的，是外在给我们造成的。不容易很真切地认识到所有的痛苦在我们的内心，也不容易认识到我们所有的快乐也根源于我们的内心深处，而不是来自外在。

当一个人能够真正认识到苦乐的根源在自己内心的时候，自己就会从内心上去关注。我们内心当中做不到这一点，就说明我们具有的佛性还没开显出来。我们需要去突破、去寻找皈依，需要去学佛法。内心开显出来，内在智慧的宝藏才能够显露出来。也就是说，内心真正有法了，内心就会真正与佛法相应。内心与佛法相应，就不会与烦恼相应，烦恼就会得到净化。烦恼得到净化的时候，自然而然内心这种景仰、虔诚、恭敬就能够产生、发挥作用。我们的所作所为、点点滴滴，就不同于一般的人，自然而然，我们的举动、言行，它所代表的一种意义，所散发出来的一种善良的气息就会影响很多的人。很多人就会因为我们的发心、努力、造作，因为我们的出现，感受到快乐、清净，感受到有光明、有希望。也就是自己到什么地方去，不仅不会给别人添麻烦，还会给别人带来欢喜和快乐，带来希望和光明。这些都是佛法的力量，都是佛菩萨给我们的力量，都是历代传承祖师大德们给我们的力量。

2. 学佛法的意义与价值

世间的种种学科，无论教育、经济、法律、科学、政治，没有一个学科、一件事情、一个领域，不与有情的生命有关系，没有一件事情不与人有关系，没有一件事情不与人的心有关系。也就是说，世间上种种学说、种种技能，都是因为有情而出现于世间的，没有一样东西不是因为有情而存在的。

有稿
有树
僧有道
贤二

如果离开了人，离开了众生，政治、经济、科学、文化、法律也就没有意义了。反过来说，政治、经济、文化、科学，一切的一切都是为人服务的，都是要让人的心越来越快乐、越来越幸福，都是要告诉我们怎样去关心人、帮助人、利益人。所以，佛法一开始就在这一点上特别关注，就是要指出人性的弱点，指出人性的问题，告诉我们人内心的阴暗面，然后慢慢去培养光明面，让我们内在的无明状态一点一点淡化，让我们的无知一点一点消除，智慧一天一天增长，佛性一天一天开显。这些就是我们学佛法的意义和价值，也是人生奥妙之所在。

病心

佛法是對治煩惱的良藥

賢二

　　大家到三宝地，就是要来寻求自己人生的价值和意义，来揭开自己生命当中的一些奥秘，来认识自己生命的真相。所有的佛法、佛经，都是告诉我们这些经验、方法、下手处，以及修行用功的过程当中存在哪些问题、这些问题怎么办、怎么去面对、怎么去解决，让我们越学越有信心，越学越好。

　　龙泉寺每个礼拜六、礼拜天都有共修。诸位皈依之后，有时间常常来参加共修，这是很重要的。只有常常来参加共修，常常来熏习佛法，内心里面佛法的力量才能不断得到增长。如果皈依以后，常常不来寺庙，或者说就不再来寺庙，那就很难把佛法学好。所以，我们皈依了，找到了生命的依靠，就要真正把佛法僧三宝作为我们今生今世的依靠，乃至生生世世的依靠。

　　以此供养大家！阿弥陀佛！

11 月 25 日，北京降下了入冬的第一场雪，学诚大和尚下午为大家作了开示——《如何扫除自心的尘垢》。大和尚教诫：我们清除尘垢、清除垃圾，这些尘垢和垃圾是外在的，更重要的是我们要清除内心贪瞋痴烦恼的尘垢。

因上努力　贤二

第八讲

如何扫除自心
的尘垢

煩惱怎麼斷
要靠佛法
來對治

賢不二

一 次第修学

1. 三士道

今天我们又要来讲佛法。大家学习佛法已经有很长时间了，尤其是学习道次第：下士道、中士道、上士道。我们大家也清楚，下士道的目的就是要让我们不生起烦恼，中士道的目的是要让我们如理断除烦恼，上士道的目的就是要断除习气。这就很清楚地告诉我们：第一步，不要让我们生起烦恼；第二步，要对治烦恼；第三步，断除习气。无论是让我们不要生起烦恼，还是对治烦恼、断除习气，都需要靠佛法。佛法才是对治烦恼的良药。

2. 烦恼如毒药

烦恼很多，烦恼的作用很大，烦恼的害处也很严重。我们把许许多多的烦恼概括为三种：贪、瞋、痴。又把贪瞋痴比喻为三毒，"毒药"的"毒"。人如果吃了毒药的话，吃多一点就会死亡；毒药轻一点的话，对身体也会有很大的伤害。这是指有形有相的、看得到摸得着的物质方面的毒药。我们心里也有毒药，这三种毒药对我们自己生命的毒害非常严重。我们常常说，要把自己当病人

想，佛法里面说把自己当病人，不是告诉我们，我们身体的哪个部位、哪个器官有毛病、不健康，而是一种比喻，意思是我们的心病比身上器官的缺乏、身体的不健康还更严重；也就是说，我们生命的深层次已经中毒了，我们的内心里面有问题 —— 不是一般的问题、普通的问题，而是非常严重的问题。

我们不容易认识到自己的内心有那么多、那么严重的

问题。比如说我们起了一个烦恼，动了一个念头，就犹如我们吃了毒药一样，对自己、对别人都会有很大的伤害。这种伤害不仅仅是当下彼此之间伤感情、不和睦、令人难堪、心里难过，实际上这种作用还会持续，持续到明天，持续到未来，乃至持续到你的来世，更长远的未来。这就是我们吃了这个毒药以后，中毒了。

痴三毒的净化，就需要靠佛法。

大家在家里也有很多的佛经，当你生起烦恼的时候，这些佛经起不了作用。为什么呢？因为你在烦恼的时候，经文你也看不进去。反过来说，你以这个烦恼的心面对境界的时候，烦恼的作用更强烈。那怎么办呢？就要换一个环境，比如说在寺庙里，大家都在修道、用功，我们的内心比较容易宁静，不容易生烦恼。同时我们在寺庙里边又容易听闻佛法。听闻佛法的时候，本身就是对治烦恼的生起、对治烦恼的现起，使自己不起烦恼，而不起烦恼本身就是共下士的基础和特点。

3. 佛法乃良药

这些毒要把它拔掉、去除掉，就需要吃另外的一种药，才能够来救治我们。自己心里边所中的这些毒——贪、瞋、问题是，我们自己在看经、听磁带的时候，因为以烦恼的心，所以我们听到的声音，我们看到的文字也都会变成烦恼。在寺庙里边的时候，有同行善友、法师们为我们讲佛法，那我们内心有希求心、内心有信心，就会去接受、去领纳外在的这种境界，领纳别人给我们讲说的佛法的内涵。当我们领纳的时候，佛法就起作用了。如果不是这样的话，我们的烦恼心很重，并且常常在起烦恼，习气也很严重，自己不晓得，也没有能力去对治。这样的话，虽然我们学佛的时间很长，但实际上同自己的烦恼了不相干，没有真正意识到、认识到烦恼对自己生命的毒害性有多么严重。

飯吃到自己的肚子裡
才能飽，佛法必須
跟自己有關
聯，如果跟
自己沒有
關聯那
就不是佛
法了

見行堂語

二 如何得解脱

1. 扫尘除垢

如何来正确对治自己的烦恼？就要如理修行佛法、修持佛法。如理修持佛法，我们常常听到六加行。六加行的第一加行：洒扫住处，庄严安布身语意所依。"洒扫住处"就是我们常常所讲的清洁工作，打扫卫生、布置场地等。"庄严安布身语意所依"，身所依是佛像，语所依是佛经，意所依是佛塔。在印度、在南传佛教国家的寺庙，比如泰国、斯里兰卡、缅甸这些国家，庙里面都有塔、有菩提树、有佛像。我们中国也有很多庙里边有塔。佛像、佛经、塔，这代表着身语意之所依。

时时刻刻用佛法来净化我们的内心
贤二

佛经里边告诉我们，扫地有五种功德：

第一种功德，令自心清净；第二种功德，令他心清净；第三种功德，众天神欢喜；第四种功德，造就猛利的业；第五种功德，死后往生天界。"往生天界"就是往生净土；"造就猛利的业"就是戒律清净；还有天神欢喜，自心、他心清净。

洒扫住处、清洁卫生的时候能够令自己的内心清净，那么这是五种功德的第一种。我们又如何能够把清洁卫生的工作同对治烦恼、如理修持佛法结合在一起？事实上我们从来就没有这样的一种联想，说我

们修行、对治烦恼要从搞卫生开始。我们常常觉得这种搞卫生、做清洁的工作，都是没有文化的人、智力比较差的人、岁数比较大的人做的事情。实际上，佛法就是告诉我们从这样一个最简单的事情开始。

我刚刚出家的时候，寺庙里面的老和尚就告诉我：你学扫地要学三年，学泡茶也要学三年。当时我就很不好理解，让我学扫地还要学三年，这很容易就能学会，一个小时、两个小时就学会了。并且，每天都要扫，不管是有没有灰尘、有没有垃圾，都要去清扫。其实，这就是修行的一种功夫，培养我们的长远心。

通過清掃外在
的垃圾來達到
清掃我們內心
的垃圾、清掃
內心無明塵
垢的目的

我们在清除尘垢的时候、清除垃圾的时候，这些尘垢、垃圾是外在的，更重要的是我们要清除内心的贪嗔痴烦恼的尘垢。通过外在的尘垢这种比喻、这种象征，来认清我们内在的烦恼垃圾。

释迦牟尼佛曾有一个弟子——周利槃陀伽，出家以后，释迦牟尼佛告诉他"扫尘除垢"四个字，他学了三个月都记不住，但是最后他能够大彻大悟。

佛陀授记他说，周利槃陀伽是他所有的声闻弟子当中，转变心意最殊胜的人。他天天就是扫地，扫到最后，佛陀这样为他授记。

掃塵除垢

此塵是貪非
塵土塵乃
貪名非塵
埃諸智者
眾除彼塵
如來教中
不放逸

賢二

他扫地为什么能有这样的一种成就？他就是能够很认真地根据佛陀的开示、佛陀的教授去实践。佛陀为他讲："此尘是贪非尘土，尘乃贪名非尘埃，诸智者众除彼尘，如来教中不放逸。"我们扫来扫去，都是要扫除内心里边的这些尘埃——贪的尘埃、瞋的尘埃、痴的尘埃，这是三毒的垃圾。

2. 对治烦恼得清净

我们修学佛法不能认识到自己内心当中有垃圾，自己内心当中有问题，我们又如何来对治？我们又如何来清扫？这是非常重要的一点。因为我们常常说，我们修行就是念经、持咒、磕头，这才算修行，很难说我们打扫卫生是在修法，实际上这一点是非常重要的。

如果我们意识不到内心当中烦恼的尘垢，我们即便天天坐在这里念念有词，但实际上你念的和心里想的是两个不同的情况。口里一边念佛经，内心一边在起烦恼，甚至被烦恼包裹得越来越紧，不仅不能对治，还会包得越来越死。

我们内心怎样才能够有清净的状态呢？我们只有对治了烦恼，内心才会清净，内心才会开明，内心才会有安乐。同时，因为我们自己内心清净，别人看到我们，也生欢喜心，他的内心也清净了。别人听到我们说话，也很高兴，他的内心也能够得到清净。天神看到我们戒律无有亏损、内心清净，也很欢喜。所以，我们要真正去认识到底怎样叫做如理修持佛法。

如理修行就是根据佛陀告诉我们的道理去修行 而不仅仅是根据我们自己所理解的道理

賢不二

3. 解除烦恼靠修行

如果我们缺乏了最基本的功夫和最基础的条件，我们又怎样能去修行呢？如果我们自己的心不能打开，不能净化，修行佛法的人内心里面还有很多障碍，这是不够条件的一种表现。所以六加行的第一加行，本身就是要清除自他的障碍、自他的违缘、同行善友之间的违缘以及同善知识的违缘。所以，认清自己的烦恼、认清自己内心的状态是一个非常重要的方法。

如果把我们自己内心提得很高，觉得我们这种现况、我们这种条件，一定要按照自己的想法去修行，那无疑就是我们绕着这条路在走。所谓"绕着路在走"，就是你走的不是一条直路，你走的是一条弯路，你绕道走，绕了一圈最后还会回到原来这个点上去，走错路了。所以我们学佛法，学习道次第的话，就真正要按照佛陀告诉我们的一点一滴去实践，如果不是根据这样的正法去实践的话，都是白忙活一场，根本、内在的烦恼调伏不过来。所以前一段时间我也讲过《认识烦恼是修行的开始》，它的缘由就是在这里。

我们如果没有去对治烦恼，我们的各种痛苦会越来越多，不能解除。我们常常讲到八苦，现在有这些痛苦，过去也是这些痛苦，我们未来一样也是这些痛苦。今生今世我们得到人的身体，固然是因为我们在过去造作了成为人的业因，但今生能够得到人身，不等于说我们过去世就修行过，或者修到什么程度。当然也有人过去就修行过，但不等于说我们所有人在过去都修行过。

世间还是有那么多的人，你让他到庙里来，来拜佛、听经，他肯定不来，那他就是缺乏善根，但是他们也是人，甚至是很有身份、很有地位、很有学问的人。所以说，你得到人身，不等于说你前世修行就很好。我们如果不修行的话，这些痛苦、这些问题肯定不能解决，一直会不断地累积，不断地持续下去。

佛法把这八苦最后都归到五蕴炽盛苦。这个痛苦既不偏重于物质方面，也不偏重于精神方面，五蕴和合。爱别离、怨憎会、求不得，这三种是我们内心的痛苦。生老病死，是我们身体上面的痛苦。而身心和合的痛苦，就是最后一个苦——五蕴炽盛苦。无论是身体方面的、心理方面的，还是身心和合方面的苦，你都要把它去除。如何才能没有这方面的痛苦，唯有佛法才能够去除、解脱。解脱什么？解脱痛苦。痛苦怎么解脱？不要有业，不能造作召感痛苦的业。我们如何不去造恶业？要断烦恼。烦恼怎么断？要靠佛法来对治。所以我们用佛法来对治烦恼，烦恼对治了就不会造业。没有这种业就不会召感八苦，没有了八苦我们就解脱了，就是这样一种关系。

三　珍惜生命

1.　认识无限生命

　　在庙里我们常常听到"无限生命"这样一个命题。我们如何以无限生命来审视自己的人生？如何以无限生命的基本框架来看待自己的一生？如何以无限生命来认识自己完整的存在？也就是说，我们能够完整认识到自己存在的时候，对自己的生命才能够看得清楚。所以完整认识到无限生命的存在，就是要认识过去是怎么存在的、现在是怎么存在的、未来是怎么存在的。

盲修瞎練

沿自己的煩惱還有很長的距離

離真正對儀式程序

过去的存在我们不晓得，未来的存在我们也难以预料，现在是怎么存在的？能不能认识得清楚？如果认识不了，我们就跟瞎子一样，长短方圆、青黄赤白分不清楚。我们不晓得自己真正要怎么办，怎么来用功？我们生命要的是什么，祈求的是什么？如何来丰富自己生命的内涵？如何来培植自己成就佛道的资粮？如何相信业果？如何生起皈依心？盲人没有看到外在境界的能力，这样的话，在走路的时候就会有危险，没有办法去做事。我们如果对这些问题认识不清，就是盲修瞎练。所谓"盲修瞎练"，在佛堂里头，仅仅是一些宗教仪式。大家念的时候跟着念，跪拜的时候也跟着跪拜，合掌的时候也跟着合掌，来的时候也跟着来，走的时候也跟着走，就仅仅是仪式、一些程序而已，离真正对治自己的烦恼还有很长的距离。

对于生命存在的命题，不仅仅可以从空间上面来决定，还可以、也应该从时间方面来看待。我们的生命经验、生命体会、生命过程都可以证明这一点，也可以找到这方面的契入点、下手处。虽然我们从某个角度来讲，自己的生命每一刻、每一分、每一秒都在死亡，也就是前一刻、前一念自己的躯体已经不存在了，但是不等于说我们的知识、我们的精神、我们的经验、我们的能力也死亡了，也过去了。这些恰恰是可以持续下来，可以延续下来的。过去的只是说我们在过去的时间里我的这种身体，已经推移到现在，所谓"前面一念、前面一秒、前面一刻的那个有形有相的血肉之躯"已不存在。因为昨天的我、过去的我已经跑到现在，已经跑到今天来了，所以那个看得到、摸得着的我的血肉之躯、五蕴和合之身不存在了。但是不等于说我们精神领域的那些内涵不存在，不等于说我们的烦恼不存在，不等于说我们的业力不存在。

2. 用佛法抉择人生

一个小孩子，他因为一件很小的事情感到很伤心，感到很悲哀，那么他就是仅仅局限于一点、拘泥于一点。他不能用更长远的眼光、更宽广的心胸来看待所发生的问题。我们大人、成年人，就比较成熟了，也就是有更长远的眼光，所以知道在小孩的时候要做什么事情，在青年的时候要做什么事情，在中年的时候要做什么事情，哪一件事情该做、哪一件事情不该做。这就是我们自己人生经验的累积。这种经验，有好的经验，也有不好的经验；有正确的经验，也有错误的经验。不好的经验在累积，好的经验也在累积；善的业在增长持续，恶的业也在增长持续。因为我们是同过去发生的事情联系起来看待，联系起来分析，联系起来决定，所以他知道这件事情该做不该做，这件事情要不要做、怎么做。这都是基于过去的经验来判断我们现在应该何去何从、何作何为。也就是说，我们现在怎么做的目的是在于未来，在于未来的成就，在于明天的成就，在于明年的成就，在于更长远的未来的成就。所以，家长就会让小孩子去念书，上小学、中学、大学。如果不去念书，以后就没有出息、没有学历、没有文凭、没有文化，他知道这是有连带关系的。

天何言　百物生

我们把生命再拉长，不仅是父母，还有自己父母的父母——祖父、祖母，曾祖父、曾祖母的经验，那么这些经验也只有几十年、一百年。佛菩萨的经验就是很长远的，他是从多生多世、生生世世，从无量劫的时间的流变过程来看我们这几十年所做的事情的意义。当然，这样的经验是不一样的。自然而然，他的判断标准也是不一样的，他所做出来的抉择也是不一样的。也就是说，我们学习佛法就是要根据佛陀的经验，根据佛法的标准，来看待、审视自己的人生，来为自己的人生作抉择。不然的话，我们的所作所为也就是这几年、这几十年的一些意义，甚至就是眼前的一些意义，眼前的一些成就而已。这样的话我们就划不来，就不是真正在学佛法。

因上努力贤

我们如果仅仅把眼前的事情做好，这是非常不够的。我们把眼前的事情做好的目的，是为了未来的成就，为了来世的成就。也就是，我们现在注重的是种因，而不是注重成就、注重成功。如果不是学佛法的人，他种下去的因就要求立刻兑现。所以，这是不一样的。比如说一个人在社会上工作，一天要多少的工钱，先要跟人谈清楚。这样，他才知道这个工作不会白做。你如果让他白做，他肯定不会做。为什么呢？

他的成就就是着眼于当下、着眼于现在。我们学佛法、集资粮，就不一样了，大大不同了。这个意思在哪里呢？也就是说我们在佛门里做事，如何来判断自己的成就，如何来判断自己的成功，如何来看待自己是做错了还是做对了，那就是不能看眼前。看眼前，就看不清楚、看不明白，容易犯错。看眼前是世间人的标准，是普通人的标准。看长远，从生生世世来看，才是佛法的标准。这是非常重要的。

3. 善用时间

因为过去会一直在过去，刹那刹那在生灭，但是过去了不等于没有，而只是从现在的存在形式转化为另外一种存在状态。这种存在，不学佛法的人，或者说佛法学得不够的人，不容易很真切地感受到自己现在的这种生命状态跟过去世有那么密切的联系，不容易生起这样一种信心。当然，我们有时候也会意识到，自己在过去几年、几十年，不用功、做错事，仅此而已。我们就不容易去联想、去检讨，过去几年、过去几十年，自己应该怎么做，自己应该怎么学，自己应该怎么修才是有意义、有价值的。也就是，自己有时候可能会意识到，过去浪费了时间，但是很难反省到，我们如何很好地来使用自己的时间，不让它空过，如何善用时间。我们过去的多少年时间都浪费掉，自己不能去反省，不能去很真切地认识到这样的损失。当然，自己生命的这种经验又会等流下来、持续下去，对现在的时间也不会珍惜。

我们信仰佛教的人，学习佛法的人，就是要时时刻刻、分分秒秒把握时间。如果不把握时间，时间很快就会过去了，一直在过去。时间一直在过去，我们没有修行，没有在积聚资粮，就意味着我们不断给自己的生命造成损失，一直在损失、一直在亏损 ——善业没有得到累积就是在亏损，一直在亏损，忽然有一天，我们的生命结束了，死亡了，那个时候，我们"万般带不去，唯有业随身"，那时就来不及了。所以我们在如理修持佛法的时候，就是要时时刻刻找到自己生命最深层次的原因——烦恼。

四 共业增上

1. 共业与别业

我们常常听到一个词，叫做"薪火相传"。火需要靠柴来燃烧，这块柴烧完以后，火还会再去燃烧别的柴。人的生命也是一样，一生又一生持续下去，这块柴烧尽了，能够再燃烧下一块柴，下一块燃烧完了以后，又能够再接续另外一块柴。这是什么意思呢？就是说，人的生命不但同过去有关系，也能够延续到未来。同时，人的生命也会受到别人的影响，自己的所作所为，也会影响别人。我们把一块木材、两块木材、三块木材、十块木材、一百块木材……扔在一起，他们就能够同时燃烧。就是说，我们大

薪火相传

家在一个庙里，坐在佛堂里，我们自己的内心跟别人的心，我们自己的业跟别人的业是汇在一起的，叫做别业、共业。我们每个人是一块木材，一百个人就是一百块木材，一百块木材在一起的时候，就是一百块木材一起燃烧，就是心心念念都会互相相应、互相影响、互相启发，这样的业力不可思议。

要想知
道自己
是誰就
就要知
道自己
在幹什
麼實不

恭錄證嚴上人
尚言教

心在脚下

在寺庙里，我们所造的是和三宝相应的业，和佛菩萨相应的业，都是清净的、无漏的，自然而然，我们内心智慧的火焰也容易增长，容易燃烧。反过来说，我们如果是同一些不入流的人，甚至同世间一些不三不四的人在一起的时候，我们也会被影响。当然我们也有可能会去影响别人，我们好的时候也会去影响别人，但是我们不好的时候，我们也会被别人影响。这个就叫做互相影响，就看哪一种的力量比较强。我们如果不小心、不注意，就会被别人影响，这是肯定的。如果我们时时刻刻都能够提起佛法的正念，知道防护自己的内心，就不容易被别人不好的业影响。如果不是这样的话，我们还是原来那颗烦恼的心，自然而然，烦恼跟烦恼就会相应了。烦恼跟烦恼相应，烦恼不会跟智慧相应，智慧是对治烦恼的。

2. 在逆境中累积资粮

对治烦恼的过程就是我们整个修行的一个过程。也就是说，我们在寺庙里不生烦恼的时候，就到下士道；你在对治的时候，就到中士道；你的习气都没有了，那就到上士道，那个很不容易做到。

你要做到不起烦恼，不是很简单的事情。当然你能够有一段时间不起烦恼，比如你能够一个小时、两个小时、一天、两天不起烦恼，但你很难永远不起烦恼。如果你永远不起烦恼就意味着你的烦恼已经被对治了。所以，大家在寺庙里，做事也好，用功也好，不用担心自己有烦恼，自己说错话、办错事，这些也是很正常

的。我们做错的时候，怎么办呢？如何来以此为鉴，如何在这样一个境界中提升自己？我们在寺庙里常常听法师说，我们心灵得到提升，资粮得到累积，往往都是在这些逆境当中得到的，但是我们通常的思维习惯认为，一定是拜佛念经的时候，才是在积聚资粮，不认为遇到这些挫折逆境的时候，甚至说倒茶、扫地、搬椅子、布置场地的时候，也是在累积资粮。有时候有人给我们讲这些事情是在累积资粮，我们也可能会随即附和，而内心不容易真正去认同。从这点就能够说明，我们内心同佛法相应不相应了。

　　道次第告诉我们，逆境中对治烦恼本身就是累积资粮。有可能我们已经知道了、听过了。我们知道了、听过了，是不是认同呢？怎么样才叫认同呢？只是认同这样一个道理，还是认同这个道理跟自己有关系？我们一谈到佛法，它必须跟自己有关联，如果跟自己没有关联的话，那就不是佛法了。因为佛法本身是要来解除所有众生的痛苦，所有的众生当然也包括我们自己。反过来说，我们在谈论佛法的时候，如果自己都没有意识到自己跟佛法有什么关联，那你又怎么去说明佛法跟其他的有情有关？因为佛法本身是要解决一切有情的问题。如果我们自己都不需要佛法，自己都意识不到佛法对自己有多么的重要，那你又如何能够证明你告诉别人的佛法是真正的佛法，你是真心实意要去帮助别人？也就是说，我们自己佛法学得比较好的时候，至少我们自己不起烦恼的时候去帮助别人，才能够真正让别人得到帮助。

坐而論道是一回事
實踐是另一回事

3. 对治烦恼是真正用功

我们想不起烦恼，就要修行，要自己用功，否则的话，我们生起烦恼的时候，还不知道自己在生烦恼。就如我们有病的时候，我们不知道自己在生病，只有医生告诉我们的时候，我们才知道。有时候，医生告诉我们的时候，我们还不相信。但是医生会把指标列出来，告诉你身体的哪些指标是不符合标准的，心电图怎么样，血压怎么样，胆固醇怎么样。仪器一检测，你很多的指标不够，很多的指标超标，让你不信都不行。中医他会跟你讲，什么病是什么特征。佛法也是一样，它告诉我们，贪欲有什么表现，瞋恚有什么表现，愚痴有什么表现。那么你有这些特征，有这些问题，就说明你有这方面的烦恼，有烦恼就会有危害。

大家在佛法上用功、修行有相当长的时间了，所以，今天我们谈的也是比较实在的一些问题。如果我们谈得不实在的话，就是在谈玄说妙、谈空说有。我们谈一套理论，可能大家觉得佛法离自己很远。如果要把佛法谈到离自己很近，谈到自身的时候，有时候我们也会觉得内心很不好过，甚至说内心很痛苦，不知道怎么办。

这个时候就是非常重要的时候，因为我们认识到自己内心有问题，内心有烦恼，内心有痛苦，不是说不去管它，不去理它，恰恰自己要正对治。正对治，一点一点地对治，慢慢去对治，就要找到对治的方法。我们在对治的时候，就是真正用功的时候，是真正叫做如理修持佛法的时候。

放低自我
虚心学习
贤不二

4. 放低自我　虚心学习

我们来到寺庙 ——三宝地，大家都是在如理修持佛法，我们千万不能以一种很狂妄的心、很高慢的心来看别人，这是要不得的。我们只有平心静气、非常虚心、非常认真、踏踏实实地照着佛法去实践，一步一个脚印去落实，佛法才能同自己的生命真正相结合。看看自己，是在起烦恼还是不起烦恼；看看自己，是不是在对治烦恼；看看自己，还有哪些习气。虽然你不起烦恼，但是你还有烦恼方面的习气。只有成佛的时候，这些习气才能完全没有，在成佛以前，还是会有习气的。

　　我刚才谈到，上士道还要再对治习气。第一步我们先不要让它起烦恼；第二步，我们一点一滴去对治烦恼。寺庙里，大家有这样一种氛围，是每一个人发心创造、营建起来的，所以每一个人的发心都是非常重要的。有些人修得比较好，修的时间比较长，而有些人刚刚开始学。我们学得比较长的人、学得比较久的人，也不能去轻视初发心的人。反过来说，我们初发心的人、初学的人，要很好地、很认真地向学得比较久、比较好的同行善友学习。我们要有学习的榜样、楷模，那我们跟着去学习，就不会错。如果常常认为，自己最好，没有可以学习的人，没有可以学习的对象和榜样，那我们就很有问题。菩萨学五明，

菩萨在所有众生的身上都能够学到佛法。佛法就是要在所有有情的身心上去体现、去落实。我们今后在佛法的引导过程当中，会一步一步更加深入，同时，会一步一步更具体、更直接，跟每一个人挂上钩。

希望大家多发心，好好发心。

12月3日上午，学诚大和尚为几百位信众传授皈依，佛堂和斋堂座无虚席，大和尚以《寻找生命中的贵人》为题作了开示。大和尚教诫：对一个佛教徒来讲，出家人就是最重要的人，我们要去皈依。

第九讲

寻找生命中的贵人

一　修行菩萨道

1.　菩萨怎么做我就怎么做

我们学习佛法，常常要谈到行菩萨道。菩萨走的路同我们一般人走的路有什么区别呢？菩萨所走的路名为菩提道。我们学习佛法的目的是为了要成佛；菩萨修行、发心、行菩萨道，其目的也是为了要成佛。那么，我们要学佛、成佛，首先要学当菩萨，那就是：菩萨怎么做的，我们也跟着怎么做；菩萨怎么修行的，我们也跟着怎么修行；菩萨发菩提心，我们也跟着发菩提心。菩提心不好发，菩萨道也不好修，就是因为不好学、不好修、不好发心，所以我们要慢慢学、慢慢修、慢慢学发心，一点一滴去学，一步一个脚印去学，一天一天去学。我们到佛门里来学习佛法，就是要学习这些内容。

我们常常谈到"如理修行"，就是根据佛陀告诉我们的道理去修行，而不仅仅是根据我们自己所理解的道理。根据我们自己所理解的道理来修行，困难会很多，问题也很多。因为我们自己对佛教道理的体会还不够，很肤浅，甚至常常还会有偏差、有错误，只有根据佛陀告诉我们的道理才是正确的、圆满的。

2. 阿底峡尊者与《菩提道炬论》

大家都知道，阿底峡尊者非常了不起，在西藏的成就很高。当时的菩提光迎请阿底峡尊者去西藏的时候，就希望能够有一个很好、很系统、很完整的佛法来利益西藏的众生。根据当时藏地的实际情况，阿底峡尊者就作了《菩提道炬论》。这部论是告诉人们如何来修行，如何来学行菩萨道的一些道理。

为什么这部论典在西藏影响那么大？其原因就是吐蕃末代赞普达玛（公元 838 ~ 842 在位）的灭佛 ——朗达玛灭佛。在那次灭佛的过程中，差不多整整一百年的时间没有出家人，也没有佛经和佛像，只有少数还俗的人，少数居士口口相传，更多的都是传授一些咒语，因为咒语比较简短。西藏发生朗达玛灭佛的时候，相当于我们唐朝的"唐武灭佛"的时间。汉地发生唐武宗会昌年间灭佛之后，禅宗很盛行，其原因也是因为很多经典被销毁了，出家人、居士们看不到佛经，只能在山里打坐。在藏地也是一样，很多佛教徒看不到佛经，只能天天念咒，但在念咒的过程中，掺杂了很多不是佛教的内容。所以，阿底峡尊者到西藏的时候，作了这个论来校正当时西藏佛教的很多问题。

阿底峡尊者一生非常注重修行，也注重显教佛法的弘扬。比如刚才我跟大家谈到的《菩提道炬论》，就是一部很好的论典。

3. 依靠师法友

我们对菩萨道的修行，目的就是要破除我们内在的烦恼、内心的烦恼。内心的烦恼怎么来破？只有靠智慧。那么如何来认识、增长我们的智慧？就需要学习佛法。如何学习佛法？一个方面根据经律论的文字来学。我们学习经律论的经文、文字，就是为了要领会经律论中的意思、内涵。但是我们的基础条件不太够，那怎么办呢？我们需要跟善知识、跟出家的法师们学习。出家的法师因为学的时间比较久、比较长，对经文的体会比较深刻，理解起来能够准确一点，深刻一些，而我们刚刚开始学习佛法，理解就会比较不够。

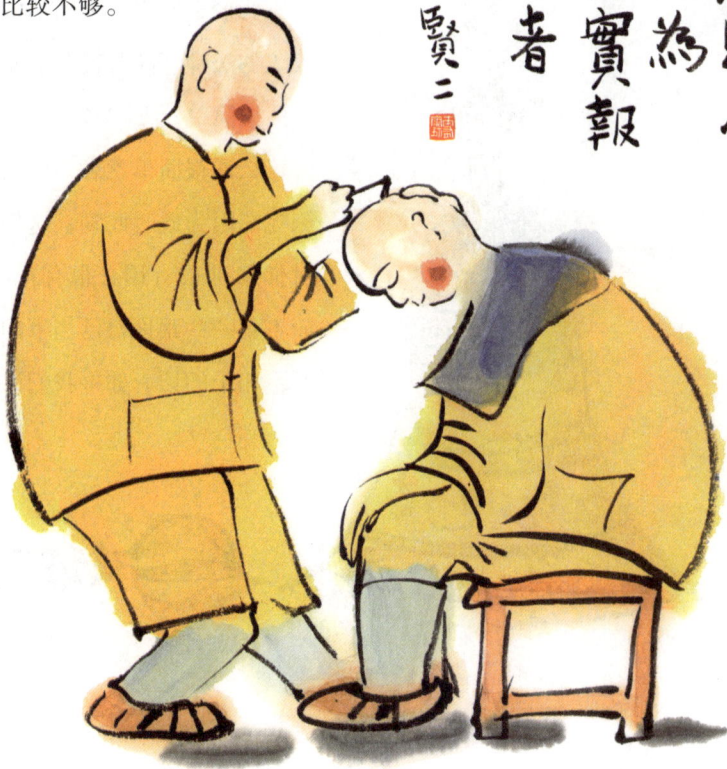

棄恩入無為　真實報恩者

賢二

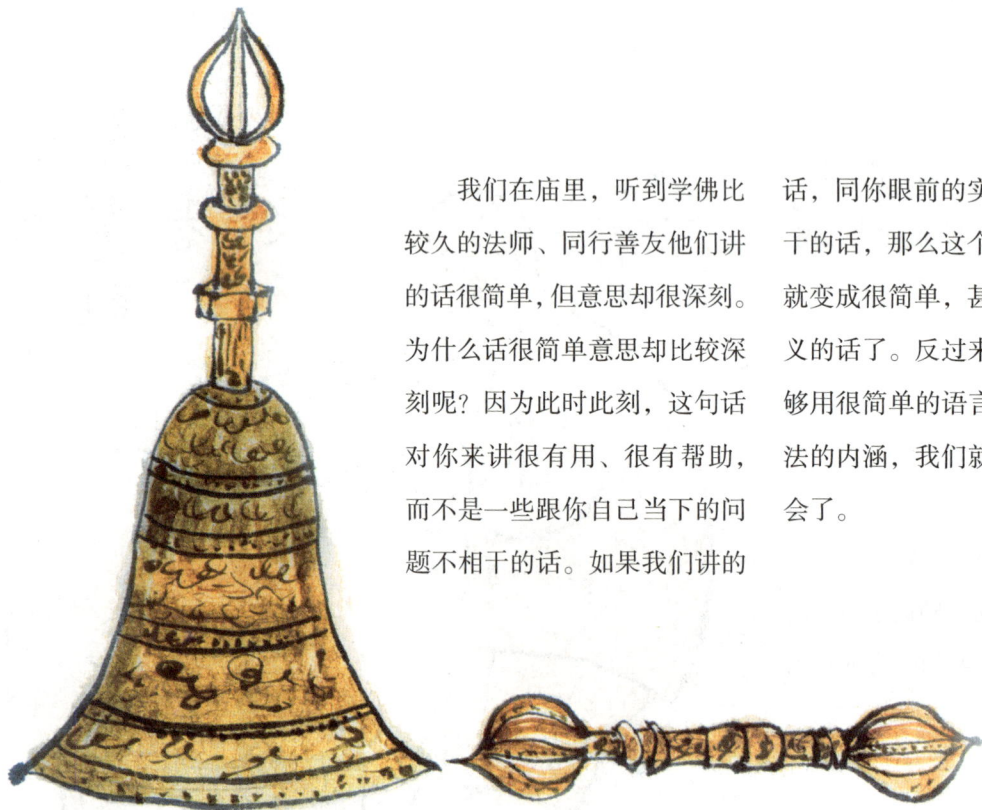

　　我们在庙里，听到学佛比较久的法师、同行善友他们讲的话很简单，但意思却很深刻。为什么话很简单意思却比较深刻呢？因为此时此刻，这句话对你来讲很有用、很有帮助，而不是一些跟你自己当下的问题不相干的话。如果我们讲的话，同你眼前的实际情况不相干的话，那么这个简单的话也就变成很简单，甚至很没有意义的话了。反过来说，如果能够用很简单的语言，来表达佛法的内涵，我们就比较容易领会了。

　　佛法在日常生活当中，语言、文字都是载道的工具，现在更是如此，语言非常丰富，所以我们也需要借助这些语言、文字来传授佛法、弘扬佛法。透过这些语言文字，我们能够达到心灵交流的目的，大家才能够体会到出家法师内心所体会到的一种境界、一种感受、一种智慧。如果没有这些语言文字，我们刚开始学的人，就很难学习。所以我们来到寺庙，一方面要跟出家的法师学，跟同行善友学，另一方面要根据经律论学，两者都是不可以偏废的。这样做就是为了要破除我们内在的无明烦恼，增长我们的智慧，增长内在戒定慧的功夫。

二　依师学修

1.　清扫内心的尘垢

在寺庙里，我们常常要做一些日常性的工作，比如大家在这里当义工做清洁卫生工作。然而，我们在寺庙里清扫卫生，不同于街上那些扫马路的清洁工人。那些扫马路的清洁工人仅仅在乎工钱，或者说承包了一个路段，每天到时间要把垃圾清除，他的目的也就是为了要得到工钱而已。我们在寺庙里清扫垃圾，不仅清理外在的垃圾，更主要的是我们通过清扫外在的垃圾来达到清扫我们内心的垃圾、清扫内心无明尘垢的目的。

我们内心的无明尘垢就是种种的烦恼，种种的我爱执著，就是自己对自己的贪着。比如我们很主观，对世间的很多事很迷惑、很留恋、很贪着，非常有兴趣等等，这些都是执著的一种表现。我们学习佛法的人，就是要不断来解除这些执著、这些困扰。为什么我们有那么多的痛苦呢？就是因为我们有那么多的执著，想不开、放不下，所追求的都是一个同世间的"我"有关系的一些境界、一些事情。这些事情、这些境界都是世间法，都是生死轮回的一些现象而已。

2. 生命中的贵人

我们今天获得了人身，是因为我们过去造了得到人身的业，所以能够感到一个果报身。我们得到了一个果报身，名为人，我们一生中应当如何做人？做一个什么样的人才是最有意义、最有价值的？怎么去做才能成为一个最有意义、最有价值的人？我们什么时候去做，什么时候开始做？这些问题都是非常重要的。大部分的人都处于无可奈何的状态，看到别人怎么过，自己也就怎么过；看到过去的人怎么过，自己也跟着怎么过；看到社会上时髦的人怎么过，自己也跟着怎么过。

我们学习佛法的人就不同了，必须要去把最有成就、最有作为、最有智慧的人作为自己做人的标准，作为学习、模仿的对象。也就是说，我们要以什么样的人作为我们一生一世学习的目标、追随的目标，这是很重要的。首先，我们应该了解和认识到，在世间什么人是最重要的。因为人的身份不同，答案可能也会有一千种、一万种。

对一个佛教徒来讲，出家人就是最重要的。我们佛教徒的目的就是要学习佛法，为了要成佛。出家人是照着佛法去实践的人，是一生一世，用整个身心来完全实践佛法的人，所以出家人对我们学习佛法的人来讲就是最重要的人，我们要去皈依。如果我们不去皈依的话，我们就不容易学到佛法。

我们皈依以后，出家的法师对我们来讲就是我们的贵人，对我们最有作用的人；我们皈依以后，要以出家的法师、以僧团作为我们学习、追随的榜样和目标。出家的法师怎么做，我们也跟着怎么做；出家的法师告诉我们怎么做，我们就怎么去做。

3. 生命离不开佛法

我们学习佛法，时时刻刻都不能离开佛法，也就是要时时刻刻用佛法来净化我们的内心，以佛法来指导我们的身语意的造作。只有我们内心当中有了佛法，我们才是真正地学到了佛法；如果我们内心当中没有佛法，日常生活当中的所作所为，不能体现佛法，跟佛法不相干，我们就是没有学到佛法，这是很重要的。我们就是要当下——此时此刻，发心、发愿，要去理解什么才是真正的佛法，自己应该怎么学习、怎么行持，才能把佛法学得越来越好。

我们一天一天学得越来越好，一天一天在进步，自然而然我们今生今世的成就就会很高，进步就会很大，后生后世我们的果报、我们的暇满就会更好、更殊胜。如果我们把这一生非常难得的人身，依然还用在世间轮回上，自己不知不觉还埋头造业，不断受苦，不仅仅现在受苦，未来还会受苦；今生今世受苦，来生来世依然受苦。如果我们对这个命题有了非常深刻的体会，自己的生命就不能离开佛法了。

三 饶益有情

1. 体会三宝功德

所谓"自己的生命不离开佛法",意思是我们的生命已经完全接受了佛法,佛法已经融会到自己的内心。如果我们心里有了佛法,有了佛法的作用,我们的所作所为、一言一行,都能够体现佛法。《论语》讲道:"天何言哉?四时行焉,百物生焉,天何言哉?"什么意思呢?苍天不说话,但是通过春夏秋冬四季的变化,一天又一天、一月又一月、一年又一年,万事万物就能够得到生长,而苍天也没有说自己的功劳和作用有多大。如果没有苍天的话,我们人、物、草木都不能存在。我们整个的世界都是在苍天的包容和保护之下存在的。

学习佛法也是一样的。我们的所作所为为什么那样有力量,我们为什么感到那样快乐?原因就是我们得到了佛菩萨的饶益,佛菩萨就犹如苍天一样。虽然我们业障深重看不到,但我们能够感受到这种作用。我们能够感受到、体会到三宝的殊胜功德、寺庙的清净庄严,我们要去体会,要很用心地体会与领纳。

慈悲智慧
善巧

2. 了解别人

孔子说："仁者爱人，智者知人。"意思是说，有仁义的人能够爱护众人，他不仅仅爱护自己的亲戚朋友，对所有的人也都是爱护的，喜欢去了解、帮助别人；有智慧的人善于了解别人，只有了解别人，你才知道别人的需求、问题、困难和烦恼是什么，才能够去帮助别人。了解人是一件很困难的事情，也是一个很漫长的过程。我们平常总是埋怨别人不了解自己，总是觉得自己的许多行为别人不理解，总是被别人误会。我们总是认为自己对别人的事情都能够很了解，对别人的为人处世、对别人的学修功夫都很了解。事实上，我们真正对别人很了解吗？如果我们对一个人很了解的话，就不会有问题发生。

假如我们对人很了解，就应该知道什么时候给他讲什么，什么时候怎么去帮助他，怎么样让他更好地学习佛法、护持三宝、发心。就犹如我们在这个讲堂当中，我们对这个讲堂很了解，自己走进来的时候，知道香放在什么地方、蜡烛放在什么地方、电灯的开关在什么地方、门在什么地方、窗户在什么地方，我们从哪里进来，从哪里出去，就会井然有序。这个只是对环境的了解，对物品的功用、性能的了解。我们对人的了解、对人心的了解、对人性的了解、对业果的了解等，需要很长的时间。我们会不会有那么大的心胸去了解别人呢？我们住在一个庙里，或者说在一个单位里，可能几年下来，我们都不知道对方叫什么名字，都是有可能的。住在公寓里，我们可能住几十年都不知道楼上楼下住的是什么人。现在的人不希望别人来了解自己，也不愿意让别人知道自己。这就是我们这个时代的一些特点，或者说是一些问题。

3. 利益别人

我们学习佛法，佛法的利益要从哪里得到呢？一个方面要从佛菩萨那里得到经验、得到加持；另一方面要在众生份上得到，就是说在实践佛法的过程中，很多人因为我们的努力，因为我们的发心，因为我们的造业得到佛法的利益。这些众生就是我们弘法的对象，就是我们发心的对象，就是我们利益的对象。如果没有这些苦难的众生，我们要行菩萨道，就很困难，很不容易。也就是说，比较有问题、有困难、烦恼重、痛苦多的人，恰恰是我们发心利益的对象、行菩萨道的对象、是当下我们要去努力

帮助的对象。这个时间对我们来讲，就是第一时间、最重要的时间、最好的机会。

我们有时候在帮助人、利益人的过程中，常常会听到一句话"好人没有好报"。为什么好人没有好报？做好事怎么会没有好报？原因就是你帮助他，而对方不接受、不领情，对方不听你这一套。我们要怎么办呢？原因在哪里呢？我们去帮别人的时候，没有效果，达不到目的，这原因在对方吗？我觉得这是一个我们要发心去检讨的地方。原因就是我们的慈悲还不够、智慧还不够、善巧还不够，也就是我们的功

力还不够，我们利益众生的心还不够，所以就帮助不过来。犹如一个人生病一样，他病得很严重很严重，但作为医生的我们，医术不够高，药的质量也还不够好，很难把眼前这个病人治好。我们在日常生活当中，常常会遇到这些境界。

我们学了佛法以后，并不等于说我们遇到的人全部都是好人，遇到的人都是我们看得惯、符合我们兴趣的人。我们在学佛法的过程中，依然还会遇到许许多多我们意想不到的境界以及人和事，甚至会遇到许许多多我们意想不到的困难和问题。这就需要不断去培养我们认识烦恼、对治烦恼的

能力。人在烦恼的时候，粗猛的烦恼比较容易看得到，比如一个人骂了你、打了你、发脾气，这些都容易被察觉。但是如果一个人的烦恼很细微，就很难体会得到，看不到，也体察不出来，而实际上这还是一种烦恼。举例来说，我们在寺庙里做事情，可能只会做某一方面的事情，或者只喜欢做某一方面的事情，但法师们又要让我们去做另外一种事情，这时候我们内心就很不顺畅，甚至很不满意。遇到自己不喜欢做的，别人又让我们去做，怎么办？这就是我们要去认识的一个问题。

四 依师践行莫空过

1. 如理依师改习气

我们在社会上、在家里，自己不喜欢做的事肯定不会去做，这种习性是很重的。在庙里，就不一样了，自己不喜欢做的事情要不要去做呢？这时是面对自己习气的一个好时候。如果我们依然还是顺着自己的习气做人、做事，这种习气就会不断得到增长；如果我们违逆这种习气做事，就是对治这种习气，虽然很痛苦，也很不容易，但这也是增长我们另外一方面能力的时候。如果我们能够这样去认识，就是一个不同的发心。但是，我们常常会认为，别人不了解我们，别人安排的事情不合理，别人让我们

做的事情不是很如理、很如法的。我们来到庙里，都要很用心地去体会所有这一切。所谓"如理"，不是说自己对佛法所理解的那种道理，符合不符合自己的行为叫做如理，而是符合不符合佛说的道理，因为我们自己对佛法道理的体会还是很肤浅的。

法师为我们讲的道理，为我们作的决定，也有可能不是非常圆满的，但是会比我们自己的更准确、更深刻，这是很重要的。如果我们相信，从总体上讲、从根本上讲，法师的理解比我们要准确，那我们照

着去做就不会错。如果不是这样，我们学了佛法以后，弄不好麻烦可能更大。为什么这么说呢？因为我们很容易用佛法的名词和一些道理把自己包装起来，遇到一件事情的时候，我们可以讲出一大通的道理，但我们此时此刻内心的状态或境界与我们讲的道理是两回事。

好说道理的人，常常会有这样的事情发生：他不能在内心的境界上去突破这种困局，在内心的这种境界上去作功夫，而是遇到外缘、外境的时候，可能讲出另外一套道理为

自己作说明、解释。这样就不是一种很正确的学佛态度，这一点是非常非常微细的。所以我们学习佛法，要有良师益友，原因就在这里。平时，大家没事的时候可以拿着经论来读诵、研讨、谈体会等，这些当然也是很好的，但是毕竟是坐而论道，因为你真正去实践又是另一回事。所以，要把这些佛法真正实践、体现出来，长时间没有间断地去实践——"任运无间饶益有情"，这就要有真正的功夫。没有真正的功夫，肯定做不到。

2. 过好当下每一天

不要说"任运无间饶益有情"，我们做一件事情，做完了自己都累得不得了，下次要不要再做还要考虑考虑。我们参加了一个法会、两个法会，听了一次课、两次课，还会不会有那么大的动力？意乐还有没有那么强？这都是不一定的。刚刚开始学佛法的时候，可能觉得一切都很新鲜，佛法很新鲜，寺庙的环境也很新鲜，这些法师、同行善友，大家彼此之间很陌生，都是一些新的朋友，很客气。但是时间长了，彼此之间认识了、熟悉了，心里面就是另外一种状态，"无所谓"的这种心理就出来了，我们未学佛以前、未皈依以前的那种状态又出来了，我们会觉得这些人也没有什么了不起，在庙里做事情和在家里做事情也差不多，甚至庙里还不如家里等等，诸如此类的邪执都会出来。这些都是没有真正认识到今生今世哪些人对我们来讲是最重要的，哪些事对我们来讲是最重要的，我们当下要去做什么事情。

如果当下我们都不知道应该做什么事情，当下都没有实际去造作，那你当下在空过。每一个当下都在空过，就是你每天都在空过，这是肯定的。所以我们每一个学习佛法的人，就是要非常清楚我们要做什么事，我们要跟谁一起去做什么事，我们怎么去做这些事，内心里面非常地笃定。什么叫做正见？什么叫做正思维？我们把事情认识清楚了，就照着这些认识清楚的事情去思考、去做，把它做出来，把它做好，这是非常关键的。

不是说我们学佛学了多少年，就知道自己要做什么事。这是不一定的。我们学了多少年，只是代表一个时间，不等于说我们的成绩有多么好，那是两回事。也就是说，在世间一个人可能活了 70 岁、80 岁，不等于说他很有智慧。当然他也有很多的经验，自己的经验。自己的经验跟别人的经验来比，跟一个有大成就、大智慧的人的经验来比，跟佛菩萨、跟祖师大德们的经验来比，那是不能比的，不是一个档次，不具有可比性。我们学习，就要老老实实、本本分分地去学习，才能够成长。如果我们去比的话，本身就是不对的，地上的泥土怎么可以跟黄金去比呀！材料本身就是不一样的，绝对不一样的。我们凡夫，要认识到自己真正的问题在哪里，自己要怎么去学习，怎么去发心，怎么去培养动力。这些都是非常重要的，非常非常地重要。

五　把握缘起 离苦得乐

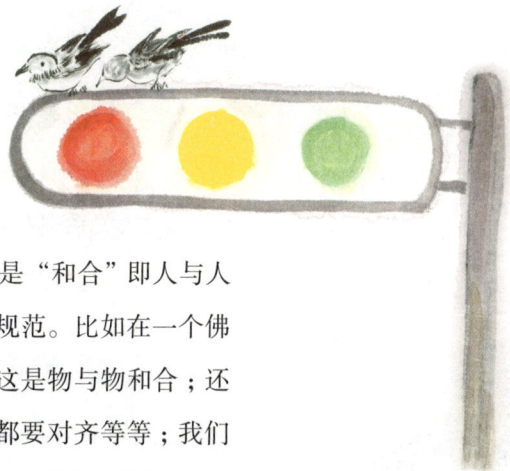

1. 佛教的根本

　　缘起法，是佛教的根本。缘起法的特点是什么呢？就是"和合"即人与人和合、事与事和合、物与物和合，就是所有的人事物都很规范。比如在一个佛堂里，佛像、供桌、拜垫怎么摆才是最合适、最规范的，这是物与物和合；还有人要与物和合，人要排得整齐，一排一排的，前后左右都要对齐等等；我们做的事情也要和合，请师、唱赞、请圣、忏悔等等。在佛堂里面我们就是念经、闻法、礼拜，谈一些跟佛法相关的事情，这样我们在佛堂里做的事情，就跟这个场地符合了。如果我们在佛堂里做别的事情，就不和合了，比如在里面聊天、打电话，这都是不和合。

2. 诸受皆苦

　　怎样去体会缘起法的和合？什么叫缘起法，这个法又是什么呢？要怎么去体会呢？大家都知道，人都是有感受的，有感觉的。感受有三种：一种是痛苦的感受，就是我们常常讲到的"苦苦"；一种是快乐的感受，就是我们常常谈到的"坏苦"，这个快乐会过去；一种是不苦不乐的感受——舍受，叫做"行苦"。世间上面所有的一切感受，或者说一切的痛苦无非这三种：苦受、乐受、舍受。苦乐舍三受都是痛苦——诸受皆苦，它的本质就是痛苦。

3. 苦受与缘起

诸受皆苦，一切的感受都是痛苦的，这和缘起法又有什么关系呢？就是说，我们哪些行为的造作会引发诸受皆苦？我们哪些行为的造作，哪些行为的和合能够消除这些痛苦，达到快乐？这是不一样的，是两种不一样的缘起——清净法的缘起和染污法的缘起。学习佛法的目的，就是要让染污法的缘起变成清净法的缘起。染污法的缘起和清净法的缘起区别的关键点在哪里？在于人的心态，在于人内心当中对佛法的成就，是从这方面来衡量和看待的。比如说，一个心理健康的人和一个心理有疾病的人，这是不一样的两种人。心理健康的人对事物的看法很乐观，心理有疾病的人对事物的看法就是悲观的、消极的，这是两种不同的认识。因为心理有毛病，自然而然，认知的结果也就是负面的；心理很健康，对外在事物的认识也就是比较乐观、正面的。

不是因為你是佛教徒，我
們做的事情就是佛法
我們只有認識到，自己
所做所為的這些善法
是菩提道上成佛資
糧的累積和積聚
我們的所做所為才
是非常有意義的

賢不二

4. 修行才能除苦

用佛法的观点来讲，无论你是一个心理健康的人，还是一个心理有疾病的人，这些都算世间法、世间善法。世间善法还是导致我们生死轮回，不能解脱。唯有把世间善法变成出世间善法、无漏善法，才是有希望的，才是殊胜的、最好的，才是我们所需要的。要把世间善法变成无漏善法，肯定要靠修行，靠对治烦恼、调伏烦恼，才有办法转变过来。也就是说，假如我们带着一颗烦恼的心去做事，我们所做的事情就是世间善法。

六　贵人引路 依教奉行

1. 菩提道上集资粮

不是因为你是佛教徒，我们做的事情就是佛法。我们只有认识到，自己所作所为的这些善法，是菩提道上成佛资粮的累积和积聚，我们的所作所为才是非常有意义的。也就是说，我们做的一切事情要跟自己生命的方向、生命的归宿、生命的目标、终极的信仰联系在一起。如果我们忘记了，自然而然，我们这个动力就差了，我们的方向就会有问题。我们

今天记起来的时候符合佛法，这不等于说，我们明天也符合佛法，后天也符合佛法。因为今天我们记起来的时候，佛法能够在内心出现，是非常好的、非常正确的，但是我们出了佛堂，出了庙门，回到家里，回到单位，佛法又忘记了。我们跟人相处的时候，我们工作的时候，原来世间的这种心态又会复原，佛法又会回到庙里去了，那个是不一样的。

这个过程需要很长很长时间去熏习，不断不断去提醒自己做事情的目的是什么。所以，我们在庙里，常常在做事情以前，都需要做前行，就是要提醒大家，我们做事情干什么，来到庙里要做什么，让大家不要忘记，我们做的事情是为了要给成佛积聚资粮，要时时刻刻提醒我们。

2. 寻找生命的方向和归宿

我们大家来皈依，寻找心灵的依靠，寻找生命当中最想要帮助我们的人，寻找我们生命的方向和归宿。所以，我们不能把皈依的法会、皈依的意义等同于一般的事情来看待。

今天同大家讲的这些内容，可能有些初学的人听起来比较费劲，这也是可以理解的。那怎么才能把今天的道理理解得更加深刻？一方面，大家皈依以后，要精进深入地去思考今天所讲的这些佛法的意思；另一方面，要与我前几节课所谈的内容结合起来，因为我今天讲的这些内容，是顺着前几次的开示内容展开的，一节课一节课相衔接的。如果前面的课程我们不了解的话，今天的课程你就不容易领会。

我们学佛法，最关键的是听了以后能不能接受，接受了以后能不能去做。你真正接受了，照着去做，才是有用的。所以大家听了以后，就要发这个心，认真去实践佛法。这样，我们才能够得到佛法的真实利益。

以此祝愿大家。

12月8日，农历十月十八，是阿底峡尊者圆寂纪念日，学诚大和尚在次日上午作了题为《阿底峡尊者的启示》的开示。大和尚教诫："上求佛道，下化众生"是菩萨行为。佛法从三宝、佛菩萨、所有善知识的身上来，佛法就是要用到有情的身上去。

第十讲

阿底峡尊者的启示

一 阿底峡尊者

1. 种姓圆满 善根深厚

根据有关记载，农历十月十八，是 10 世纪末至 11 世纪中叶的一位大德，也就是大家都很熟悉的阿底峡尊者圆寂的日子。无论在藏地还是汉地，阿底峡尊者都是大家非常景仰的人，他对西藏佛教的复兴起到了非常重要的作用。阿底峡尊者原是孟加拉国人，他的父亲是一位国王。这个国王一共有三个儿子：长子叫做莲花藏，第二个儿子叫做月藏，最小的儿子叫做吉藏。后来，这位国王的长子继承了王位，次子月藏出家了，法名为吉祥燃灯智，也就是后来大家所尊称的阿底峡尊者。

　　阿底峡尊者在幼年的时候就非常聪明、好学，有大智慧。10岁以前，他就学会了医方明、工巧明等，对历史、文学等都非常通达。那个时候，他就知道皈依三宝，知道认真地持戒、修行，非常有善根。

2. 遍访名师 通达五明

到了 11 岁，阿底峡尊者就对皇宫里的生活感到非常厌烦了。皇宫里的生活可以说是应有尽有、丰富多彩，比世间一般平民老百姓的生活不知要好多少倍，但是他居然能够在那么小的时候，就对世间的繁文缛节、不真实的五欲快乐，生起厌离心、出离心，非常地厌患，所以他就到外面、到深山里去参访当时的修行人。

修行人有出家的法师，也有当时的一些婆罗门教徒。在过去的印度，种姓制度非常鲜明，婆罗门种姓至高无上，婆罗门教徒总是认为自己要比其他的人高尚。阿底峡尊者本身是王子出身，所以见到这位婆罗门教徒在修行的时候，就示现出一种比较富贵、比较有地位、比较特殊的，也可以说比较高高在上的形象。

这个婆罗门看到阿底峡尊者的时候，就知道阿底峡尊者的来意了。他对阿底峡尊者说："我修行的功夫已经超出了一般人，所以在我心里已经没有国王、奴隶的概念了。也就是说，不管你是王子、国王，还是平民百姓，在我心里都是一样的。"反过来说，这个婆罗门本身，他自己已经没有觉得比人家高一等。当阿底峡尊者听了这些话以后，就觉得这个婆罗门还是挺了不起的。他就把自己所带来的一些宝剑、用品都供养给这个婆罗门，祈求这个婆罗门摄受他。

这个婆罗门认识了阿底峡尊者以后，就指示他到那烂陀寺去找菩提贤论师。阿底峡尊者就根据这个婆罗门的指引，到了那烂陀寺，见到了菩提贤论师。然后，菩提贤论师告诉他："你应该去找明了杜梢菩萨。"阿底峡尊者拜见明了杜梢菩萨以后，明了杜梢菩萨又指示他到黑山的南部，去拜见阿嚩都帝尊者。

阿底峡尊者听过阿嚩都帝尊者的开示以后，回到自己的国家，请求父母允许他出家。他的父母见自己的儿子执意要出家，没有什么办法，只好忍痛割爱，暂时允许他出家。然后阿底峡尊者又到阿嚩都帝尊者那里去，非常有信心，恭敬、顶礼，请求这位尊者给他开示、教授、教诫。阿嚩都帝尊者传给了阿底峡发心法之后，又指点他到黑山寺去亲近另外的一位瑜伽师。这个大瑜伽师的名字叫做罗侯罗笈多，在那个地方，阿底峡尊者受了欢喜金刚的灌顶。

然后，他回到皇宫见父母，辞行，再到阿嚩都帝尊者那里去修行，学习了中观，获得了自续派的中观正见。他非常用功，对佛法的教理非常通达，在 21 岁的时候，无论是佛法、世间法、内明、外明、因明他都完全通达了，非常了不起。他常常同其他宗教的人进行辩论，都获得胜利。由此可见他对教理通达无碍，也由此可见，当时他在印度的影响力非同一般。

3. 精进不息 教证无双

阿底峡尊者 29 岁时，在金刚座摩底毗诃罗寺持律上座戒护论师那里正式出家，然后又学习了两年论藏，在 30 岁的时候，对大众部、上座部、正量部、一切有部这四大部派所有的三藏教典都通达了，贯通和掌握了各个宗派对一些戒律方面的微细差别，以及各个教派的不同行持。他曾经长期住在止迦摩罗尸罗寺依止那洛巴，又曾经依从飞行寺的法护尊者学习《毗婆沙论》十二年，对当时外道的一些宗派，比如数论宗派、胜论宗派等的经典也都能够通达。这些外道的一些论点，《大藏经》里也有收录。

阿底峡尊者在印度对佛法修行非常深入，非常有功夫，但他并不以此为足。如同玄奘大师一样，他对内外典也非常精通，很小的时候已经懂得很多东西，但他有着一种永不满足的精神，一种求法不懈的精神，一种想要通达一切圣教的精神，永不止息，所以他曾经三度入海求法。

当时金洲地区，就是现在印尼苏门答腊那个地方有位大法师——法称论师，也称法护尊者，也就是我们非常熟悉的金洲大师。阿底峡尊者对这位大师非常崇拜，就决定依止金洲大师。当时阿底峡尊者同125位弟子坐船用了十三个月才到达金洲大师的居住地——苏门答腊。金洲大师看到阿底峡尊者一行到来非常欢喜。此后十二年，金洲大师同阿底峡尊者居住在一起，毫无保留地把佛法传授给阿底峡尊者。阿底峡尊者也非常认真地精进修学，尤其是《现观庄严论》《入菩萨行论》等殊胜教授。我们常常谈到"自他相换"的菩提心这一不共教授，都是阿底峡尊者从金洲大师那里学到的。

阿底峡尊者学成以后回到印度，已经44岁了。那时印度有四座大寺庙——那烂陀寺、飞行寺、金刚座寺、止迦摩罗尸罗寺，阿底峡尊者回到印度后，先住在金刚座寺。然后，因为护法王的迎请，又移到止迦摩罗尸罗寺去常住。由于阿底峡尊者名望非常高，并且有非常卓越的才能和佛法的成就，他就成了那座庙里举足轻重的大德。当时那座寺庙前面右边画着龙树菩萨的像，左边画着阿底峡尊者的像，由此可见当时在印度，人们是把阿底峡尊者同龙树菩萨相提并论的。另外，在殿的左右墙壁上画着通达五明的人，在左右两边都画有阿底峡尊者的画像，所以在寺庙的前头或者说在寺庙的殿的两边，阿底峡尊者都是被画在墙壁上的，其原因就是印度当时的大寺庙对他的成就都非常景仰。这是阿底峡尊者在印度学习、修行、成就、弘法等方面的功德。

4. 尊者入藏 利益深远

那尊者又如何同西藏的佛教有关联呢?

当时西藏地区经过朗达玛灭佛以后,佛法很衰微。西藏阿里有个出家人叫做智光,也是王族的后裔。他看到当时西藏佛教内部意见分歧,各种佛教的理论头绪非常多,莫衷一是,常常发生矛盾,智光尊者觉得需要到佛教非常兴旺的地方去求法,才能确定到底什么是如理的、正信的佛法,才能够决定究竟谁是了义之说。所以,他就派了7位非常有智慧的法师,到迦湿密罗去参学,还给他们每人派遣了两个仆人,一共21人。这些人临行的时侯,智光尊者吩咐他们,除了求法以外,还要迎请当时印度的高僧大德来西藏弘法。

他们要迎请印度的高僧大德到西藏弘法,首先要了解到底哪些大法师可以到藏地来弘法。这些大法师首先在佛法教理方面要确实有成就,其次要有意愿来藏地弘法,要有这种愿心。当时从西藏去的这21个人因为水土不服,陆陆续续死了19个人,最后只剩下两个人,一个叫做宝贤译师,一个叫做善慧译师。这两个人回到西藏阿里以后,除了把学习佛法的一些结果向智光尊者报告,还告诉智光尊者说阿底峡尊者非常了不起,有成就,在印度影响非常大、非常好。于是智光尊者又派精进狮子到印度去迎请阿底峡尊者。但是,这次精进狮子无论怎么请,阿底峡尊者都不答应。精进狮子回到阿里后,向智光尊者报告了这个经过。智光尊者又让他去迎请阿底峡尊者下面的那些大德,既然阿底峡尊者不肯来,阿底峡尊者座下的人,跟他同伴的人能够来西藏弘法也好。

　　那时，智光尊者为了迎请高僧大德筹集了很多供养，但是当他到了西藏南部，非常不幸地被一个异教徒抓住，这个异教徒是一个国王。智光的一个侄孙，叫做菩提光，带了很多兵马去救智光，跟那个国王谈条件。那个国王说要把智光赎回去，就要用同智光身量相等的金子来交换，他才会把智光放了。菩提光在阿里地区大量筹措金子，结果还差了一个人头的重量。但是，菩提光还是拿了这些金子去跟国王谈条件，要求赎出智光尊者，但那个国王就是不同意，不过这次菩提光在监狱里见到了智光尊者。智光尊者告诉菩提光："这个国王信仰外道，你跟他讲不清楚，你也不需要给他金子了，你要把这些金子作为迎请阿底峡尊者的供养。"他说他自己宁可为法舍身，死在那个异教徒的地方。菩提光回去以后再去找金子，但不久智光尊者就圆寂了。菩提光继续去履行迎请阿底峡尊者这件神圣的大事，他非常精进，想尽各种办法，最后终于把阿底峡尊者请到了藏地。

这就是阿底峡尊者故事里的一段，我相信大家也非常熟悉，尤其是我们学习道次第的同学。其中我们要学习的、要领会的、要把握的和我们有关系、需要借鉴的地方很多。

首先这种精神——为法忘躯的一种精神，就是把佛法看得比自己的生命还重要，把佛法当成比自己的头颅还重要。谈到21个人到印度去请高僧大德，19个人都死了，过去我们汉地也有很多法师到印度去求法，也是如此——"去者成百归无十，后者焉知前者难"，也可以说是一种前仆后继、奋不顾身的精神。由此也知道，我们要听闻到佛法是多么的不容易。

阿底峡尊者那么小就如此地有善根。他学了那么多，懂了那么多，依然还是孜孜以求！不会像我们学了一点就够了，就不想学了；学了一点就认为自己比别人要好，学了一点就认为不需要再去学别的东西了。

二 佛法是自觉觉他

1. 培养内心的一种力量

我们在凡夫位的时候，一就是一，二就是二，三就是三；在圣所得位的时候，可能一就不是一了，一可能就是一切，一切也可能就是一，也就是，理能够贯穿万事万物，理能够贯穿万法。但是，如果理我们悟不透、悟不通，反过来就更成为一种执著了。

我們在凡夫位時，一就是一，二就是二，三就是三，在聖所得位時，可能一就不是一了，一可能就是一切，一切也可能就是一

无论我们闻思也好，听闻也好，我们听的佛法到内心里，目的是，要破烦恼，要破无明，让内心越来越清净，让内心越来越光明，越来越有智慧，对外在人事物、环境的观察力越来越强，越来越敏锐，越来越敏感，内心的力量也越来越强。内心的力量强不强，在哪里体现呢？就是看人有没有包容心，也就是说，我们内心里面到底能够装多少人，我们内心里到底有多少人。

菩萨道上求下化 ——上求佛道，下化众生。上求佛道，这个佛法从哪里来呢？从三宝、佛菩萨、所有的善知识的身上来。佛法到我们身上以后，我们要把它用出去，用到哪里呢？要用到有情的身上去。用到有情的身上去，当然也包括用到自己身上，同时也用到别人的身上，这样佛法才是有用的。而不是说，佛法到我身上，我们对佛法有一定体会以后，会怕人家知道："这

个佛法被你知道了，好像我就少了什么东西，所以不能让你知道。"这是不对的！六度里财施、法施、无畏施，佛法就是要让更多的人知道，我们就是要主动让人家知道。反过来说，众生需要什么佛法，我们都能够很善巧地告诉他；他需要听什么道理，我们都能够契理契机，能够做最相应的一种引导。

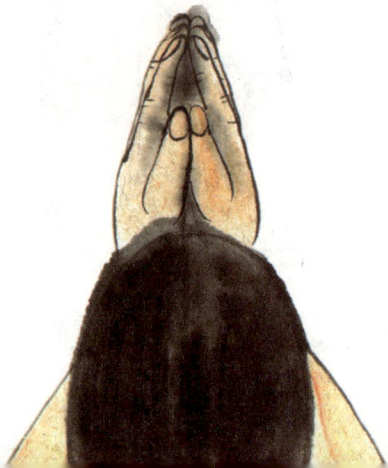

所以我们学佛法时间久了以后，为什么会觉得好像越来越茫然，越来越没有头绪，越来越没有得到佛法一样？这些就是我们学的方法有问题，或者说我们发心有问题。佛法就如力气一样，你今天有力气，你不能储存到明天。你今天用了它，明天一样有力气，而且你明天的力气更大。不是说，你今天不用，明天不用，你这个月不用，你到下一个月力气就会更大，这不可能。你把力气藏着不用，到下个月你力气反而会越变越小，最后你就没有力气了。学佛法也是一样的，它是培养内心的一种力量，并让这种力量越来越强大。

佛法就如力气一样你今天有力气就不能储存到明天今天用了，明天一样有力气

境界 有没有都在于我们的内心 不可能没有境界，有没有境界都在于我们的内心

2. 纳法成业

我们只有不断去用法，不断去造作，才能"纳法成业"。"纳法成业"是什么意思呢？就是法纳到心里，心又通过身、语的造作，它才会变成业。如果没有通过身、语的造作，我们把法领纳到内心，它仅仅是一个思业，通过身、语的造作才能够变成身、语的业，然后才能够感果。

假如我们听了一句佛法就坐在那里想，能不能想得清楚呢？天天坐在那里想，是不是越想越清楚呢？佛法要去实践。所谓"实践"，就是要去面对境界。有些人说："我去面对境界的时候内心就会乱，做事的时候内心就会乱，面对境界的时候佛法会提不起来。"实际上是不是那么一回事呢？我们需要很认真地去考虑。你自己一个人在房间的时候，有没有面对境界呢？你一样还是面对境界。面对什么境界呢？房间里还是有东西，比如说电视机、书本、椅子、柜子、桌子……这些也是我们看到的境界。即使房间里面空无一物，但依然还有墙壁，你依然还能够看到墙壁，耳朵依然还能够听到声音，那时可能一只蚊子的声音都能够听得到，一只苍蝇的声音都能够听得到。不可能说没有境界的，有没有境界都在于我们的内心。

3. 寂静　觉照　自律

反过来说，我们在静的时候，能不能真正静下来？静的时候，我们内心是一个什么状态、什么境界，我们有没有那样的体验呢？

什么叫做静呢？不是说我们真正不去面对境界、真正去远离境界叫做静，叫做定。"静"

跟"定"的功夫，是指当我们缘到某种境界时，内心不会乱，内心不会昏沉，不会散乱，不会掉举，不会起各种各样的烦恼。因为我们看到了，听到了，思考了许许多多不同的事物，内心非常容易把握不住，所以需要缘一个非常专注的境界，

让我们内心寂静。所谓"寂静"，就是对我们的起心动念能够了了分明、清清楚楚，也就是常常讲的明察秋毫，知道自己现在是起什么心、动什么念、下一个念头会再起什么。这些都非常清楚，就是觉照的功夫非常强。

假如我们没有觉照的功夫，没有自我觉察、自我约束、自律的精神和功夫，那都是没有在佛法上用功的表现。没有自觉自律的行为，都是同佛法有距离，甚至相违背的。我们没有自觉性，怎么能够去觉悟他人呢？我们没有自律的精神，讲出来自己都做不到，别人会去做吗？这是不可能的事情。佛就是觉悟，首先是自觉，才能够去觉他，然后自己跟别人都圆满了，成佛了，自觉觉他，觉行圆满。

那么自律又表现在哪里呢？觉了以后，行为有规范。行为有规范，就是不论什么时候、做什么事情都是非常清楚的，在这个时空因缘下，对自己的所作所为非常清楚，这样才会有成就。不可能说我们等在这里最后就有成就，我们没有去造作实在的业，没有勇猛精进，没有去努力，结果会很小，甚至没有结果，这是肯定的。

佛法不同於外道
的地方就是緣
起法，就是它
能夠改變，它是
無常的、變化的，
因為無常變化，
我們才能夠
斷煩惱

三　善观缘起
　　深信业果

1. 缘起的道理

　　缘起的道理就是不断重新组合，越组合越好，越组合越清净，越组合越大。佛法不同于外道的地方就是缘起法。外道的法是什么呢？是主宰法，认为什么人或什么神能够主宰万物。这是不可能的事情。佛法是缘起法，不是主宰法。所谓"缘起法"，就是它能够改变，它是无常的、变化的。因为无常变化，我们才能够断烦恼。如果不是缘起法，如果不会变化，那么烦恼永远是烦恼，菩提永远是菩提，凡夫永远是凡夫。

　　因为一切法都是无常，都是无我，都是会变化的。在这样的变化过程当中，是有规律性的，它不是杂乱无章的。我们如果顺着好的方面去变化，顺着好的方面去走，顺着觉悟的路，顺着菩提的次第大道去走，这就是对的，反过来就是错的。这些观点，我们内心要越来越清楚地去认识。如果我们认识不到，我们认识不来，就像刚才我谈到的，可能学得越久越迷茫，就是法不入心，不能纳法成业，不能了解到法的真正意涵是什么。

2. 皈依 业果

释迦牟尼佛为了普度众生，给我们讲了很多佛法。那我们要得度，要想解脱生死，圆满佛果，就要种下得度的因。这样的话我们才能够得到佛菩萨的度化。也就是说，这个因要我们自己去种，什么意思呢？佛陀告诉我们怎么做能够到达目的地，怎么做能够非常快速地成佛，怎么做会到地狱里去，怎么做会变成牛马到畜生道去，怎么做后世还能够成为人，这是什么因、什么缘、什么果、什么报、什么情景，正报是什么，依报是什么……为我们描述得非常清楚。也就是说对所有业果的原理——世间的业果、出世间的业果、凡夫的业果、圣者的业果，和盘托出，都完完整整、毫无保留地告诉了我们。其目的就是要让我们断恶修善，让我们转凡成圣，转烦恼成菩提。

但是我们在学习佛法的过程中，会出现什么问题呢？我们会很好奇 ——好奇我的前生是什么，后世是什么，他人的前生是什么，后世是什么，我是什么因感什么果，我怎么做能够趋吉避凶，怎样能够少受一点苦，怎样能够去掉一些灾难，当然也不能说这是完全错误的，但是毕竟跟佛陀告诉我们这些佛法的内涵目的是不一样的。

佛陀告诉我们这些佛法，不是让我们去生起好奇心，也不是让我们趋吉避凶。凶怎么能够避呢？它是因果，怎么能

够避得了？好的事情，自己不去努力怎么能够得到？世间人常常讲趋吉避凶、消灾免难。消灾免难也好，趋吉避凶也好，都是业果。也就是说，对业果的道理真正通达以后，我们人才能够真正消灾免难、趋吉避凶。不是说，我们相信佛会帮助我们趋吉避凶、消灾免难就可以了，我们就可以不管了。而是说，我们的所作所为要符合趋吉避凶、消灾免难的要求、规范，我们才能够真正做到趋吉避凶。而不是说，我现在问题很多、痛苦很多、麻烦不断，靠菩萨、靠佛就可以解决。这

對業果的道理
真正通達以後
我們才能
夠真正
消災免
難趨吉
避凶

怎么能行呢？这是不可能的事情。你再天天念也不够。佛陀就是要告诉我们，你要这样做，你不能那样做，才有办法。我们要懂得这个道理。如果我们仅仅把佛当成会保佑我们、会让我们得到好处，会给我们很大利益的这样一个对象，无形当中，把佛混同于神。如果佛有这种功夫的话，那我们就不用修行了。让娑婆世界所有的众生即刻去成佛，如果佛有这种能力，能改变众生的命运，众生不需要任何的造作，那他就不需要讲佛法了。

我们对佛法的认识要非常清楚。佛法到底是什么，跟自己到底有什么关系，我们学佛法，到底是为了得到什么？这个要弄清楚。不然的话，一年、两年、三年、四年，甚至多少年下去，对佛法依然还是很陌生、很遥远。

阿底峡尊者到藏地，讲皈依、业果。皈依不同于世间，世间所有的一切都是杂染的，都是世间法。所以，我们要完整地、完全地皈依三宝，皈依以后呢，相信因果。我们要相信因果，首先要了解什么是因果，什么因感什么果。我们想要得到某种果，就要去种能够得到这种果的因。我们不想得到某种果，就不能去造作会感那种果的因。如果我们一方面想得到佛果，另一方面又去造作堕落三恶道的因，这怎么可能得佛果呢？然后，我们把这样一个难题，这样一个不切合实际的问题，请佛菩萨去解决，这肯定不对！我长期以来在观察：大部分人学到最后，没有主宰了，没有主见了。

老老实实
本本分分
做一个修
行的小兵

所以，我们一定要老老实实、原原本本根据道次第去做、去修。皈依三宝，我们把自己的信心培养起来。只要有信心，自然而然我们就会去亲近法。佛法在内心里面扎根，我们的烦恼就去除了。佛法的力量生不起来，善法生不起来，心里肯定都是恶法。恶法对现在、未来都有极大的过患，这是肯定的。所有外在的佛菩萨、三宝是我们修行的一个境界，作为缘法的一个对象去修，就是要靠很强大的善法的境界、清净的境界，才能够有办法把内心的黑暗、烦恼去掉，也可以说借这个境来修我们的心。假如我们对清净的境界观过，说明我们内在的障碍、无明已经非常严重了。我们要这样去认识问题，这样去认识自心，来突破我们内在的无明烦恼的尘垢，智慧、光明才能一分一分增长。

图书在版编目（CIP）数据

感悟人生／学诚法师著 . —北京：国际文化出版公司，2014.12
ISBN 978-7-5125-0289-5

I . ①感… II . ①学… III . ①佛教—人生哲学—通俗读物 IV . ① B948—49

中国版本图书馆 CIP 数据核字（2014）第 306943 号

感悟人生

作　　者	学诚法师 著　贤书 贤帆 绘
责任编辑	潘建农
统筹监制	葛宏峰　李 莉
策划编辑	李 莉
特约编辑	许 可
美术编辑	秦 宇
出版发行	国际文化出版公司
经　　销	国文润华文化传媒（北京）有限责任公司
印　　刷	北京盛兰兄弟印刷装订有限公司
开　　本	880 毫米 ×1230 毫米　　　24 开
	12.5 印张　　　　　150 千字
版　　次	2015 年 3 月第 1 版
	2015 年 3 月第 1 次印刷
书　　号	ISBN 978-7-5125-0289-5
定　　价	49.80 元

国际文化出版公司
北京朝阳区东土城路乙 9 号　　邮编：100013
总编室：（010）64271551　　传真：（010）64271578
销售热线：（010）64271187
传真：（010）64271187-800
E-mail：icpc@95777.sina.net
http://www.sinoread.com